La vie est faite de ces toutes petites choses

DU MÊME AUTEUR

Sa fable achevée, Simon sort dans la bruine, P.O.L, 2001

L'Origine de l'homme, P.O.L, 2002

Expérience de la campagne, P.O.L, 2005

Western, P.O.L, 2005

Nouvelles sur le sentiment amoureux, P.O.L, 2007

Petits déjeuners avec quelques écrivains célèbres, P.O.L, 2008

Journée américaine, P.O.L, 2009

En écrivant Journée américaine, coédition P.O.L/Biro éditeur, 2009

Le Cas Jekyll, P.O.L, 2010

L'Évaporation de l'oncle, P.O.L, 2011

Love Hotel, P.O.L, 2013

Plus rien que les vagues et le vent, P.O.L, 2014

Christine Montalbetti

La vie est faite de ces toutes petites choses

Roman

P.O.L
33, rue Saint-André-des-Arts, Paris 6e

ISBN : 978-2-8180-3993-9
www.pol-editeur.com

1

Pour tout vous dire, c'est une nuit pluvieuse, épaisse et noire, une de ces nuits humides de Floride dont on ne sait pas bien ce qu'elle vous réserve, grosse de nuages, opaque, profonde.

Les connaissez-vous, ces nuits d'été où, dans la proximité des bayous, des lagons, des flots lourds de l'océan, l'air se charge de milliers de particules d'eau ? Les paquets de cumulus amalgamés vous masquent la lune, couramment se déchirent en averses, blessant les terres déjà gorgées, détrempées et molles, dévastant les bancs d'herbes, et sur le béton laissent des flaques larges, dans lesquelles le ciel du petit jour viendra se dupliquer.

Pour l'heure, l'obscurité plaque au sol les paysages, elle englue tout dans la densité de son encre, sauf pour le pas de tir, îlot bizarre, désigné par la lumière aiguë des projecteurs au xénon. Ça, et puis, tenez, les rais mobiles des phares des camions-citernes, ici ou là, qui percent de leurs forets plus modestes le plâtre noir de la nuit. En dépit des conditions climatiques, hostiles et incertaines, il semble qu'on puisse déclencher l'opération carburant. On s'approche de la clarté circonscrite, obsédante, de l'aire de lancement, pour commencer d'emplir le réservoir externe, ce grand corps orange et oblong sur lequel l'orbiteur de la navette paraît posé comme une mouche argentée sur une mangue bien mûre. Dans l'ordre, l'oxygène liquide, puis l'hydrogène liquide, tous carburants que vous appellerez cryogéniques (vous entendrez par là que ces gaz ont été liquéfiés pour occuper moins de place, et qu'ils affichent des températures de froids extrêmes).

À 4h28, on a fini le travail. Un demi-million de gallons, pensez, après quoi on active un mode de remplissage tout doux, destiné à compenser seulement l'infime partie de carburant qui en se réchauffant s'évapore et discrètement se dilue dans l'air ambiant.

Deux minutes plus tard, le réveil sonne dans la chambre de Sandra. Le ciel est noir encore, complètement, mais il est impossible de le vérifier. Dans les quartiers des astronautes, les chambres sont aveugles, seulement tapissées de quelques dalles LED intégrées dans le faux plafond. Point de fenêtre dont vous pourriez relever le vantail coulissant, à l'anglo-saxonne, ni pousser les volets pour aspirer quelques bouffées de brise nocturne, ou tendre au-dehors le dos de votre main pour savoir s'il bruine.

Tout autre que Sandra, en ouvrant les yeux sur le dallage en polystyrène au-dessus de soi, pourrait songer à un tablier de jeu. Les deux sprinklers, répartis sur cet échiquier, ressemblent fortement à des pions, avec leur ampoule de liquide thermo-extensible et leur minuscule tête. Et est-ce qu'on ne serait pas en droit de voir dans le volume blanc et bombé du détecteur de fumée, placé bien au centre de sa case, un genre de fou ? De trouver à cet imposant diffuseur d'air conditionné, qui occupe une autre dalle, l'allure d'un roi ? À cette grille d'aération, située à deux cases de là, l'étoffe placide d'une reine ? Mais Sandra est d'un tempérament à placer l'efficacité avant la rêverie, et on lui accordera que ce n'est pas du tout le moment de laisser son regard errer sur ces pièces dépareillées pour imaginer des coups du berger, des grands roques ou des mats du lion, n'y pensons pas. Levons plutôt le bras pour atteindre l'interrupteur et allumer les deux spots fixés au-dessus du lit sur leur rail. Leur lumière d'appoint achève de vous révéler les formes simples, et pour ainsi dire à l'équerre, des meubles, assemblés tous dans un matériau identique (du plaqué chêne, peut-être) et dont la même teinte miel signe le mobilier usiné à gros débit : un bureau droit (tiroir coulissant, option étagères intégrées), une table de nuit d'une géométrie on ne peut plus sommaire, une chaise au revêtement synthétique turquoise, une commode tout aussi minimale dans sa conception, surplombée par un poste de télévision Toshiba, et j'allais oublier le miroir en pied, dont le cadre pâle est en pin, cette fois, et dont le verre étamé s'étoile d'autocollants des missions précédentes. L'ensemble est spartiate, stérile et sobre, et une fois que j'aurai prononcé l'adjectif « fonctionnel », j'aurai à peu près fait le tour des choses.

Posons nos pieds nus sur la moquette chinée, un méli-mélo où domine un bleu plutôt pétrole, tacheté de points rouges, paille et bleu électrique. Son relief tiède contraste avec le contact frais et lisse du carrelage de la salle de bains, qui se présente presque aussitôt, et dont la mosaïque blanche rime avec les carreaux plus larges qui couvrent les murs, masquée en partie par un tapis de bain havane, épais, plus accueillant pour la plante des pieds, laquelle s'y enfonce en écrasant douillettement ses brins.

On s'apprête à prendre une dernière petite douche sur Terre.

Sandra entre dans la cabine, on fait attention à ne pas glisser. On ouvre le mitigeur. Depuis la pomme en inox, l'eau jaillit. Elle tombe en pluie, c'est si facile, elle vous asperge la tête et les épaules, elle dégringole sur votre corps, ondule sur votre peau en toutes sortes de coulures sinueuses, et verticales sans exception, gentiment attirées qu'elles sont vers le sol, où elles finissent par s'écouler, au travers de la grille, en direction du système d'évacuation, avec une aisance qu'on oublie généralement de célébrer.

Je vous laisse le temps de vous savonner, d'émulsionner délicatement le gel douche en respirant ses parfums, de faire mousser le shampoing à votre guise, et copieusement, si ça vous chante. Puis vous vous rincez longuement dans la bonne chaleur de la cabine de douche, qui s'emplit de vapeur.

On en sort, Sandra enfile le peignoir blanc suspendu au cintre, frotte ses cheveux devant la glace légèrement embuée. Dans quelques heures, si la météo le veut bien, et si tout se passe sans encombre, ces mèches de cheveux-là s'en iront faire les bras de méduse autour de sa tête, menant leur vie à leur gré, se déployant souplement, libres et légères, voletant dans l'impesanteur. Pour le moment, on est sur Terre, et, une fois tirées entre les picots de la brosse pneumatique, elles retombent mollement sur ses épaules, en une coiffure simple, sage et familière, la coiffure reconnaissable et rassurante de Sandra.

On se lave les dents? J'allais vous le proposer. Bientôt, Sandra crachote son dentifrice dans la vasque du lavabo, encastré dans un placard en mélaminé marron glacé. Les petits amas mousseux de pâte blanche et de salive, regardez-moi ça, forment des monticules sur la céramique, à laquelle ils adhèrent sans difficulté. Il vous suffira ensuite d'ouvrir le robinet et, d'un mouvement de la paume, d'orienter le jet vers lesdits pour les en décoller. Oh, parfois, ça se bouscule un peu, et une concrétion, plus réticente que les autres, s'en vient se coller sous le dôme chromé de la bonde, mais elle n'y reste pas bloquée bien longtemps. Et vous les emmenez sans faute vers le siphon en direction duquel ils tournoient, naturellement soumis à une accélération centripète – la vie peut être si simple.

Madame s'habille, on endosse un polo bleu électrique, comme les camarades qu'on s'apprête à rejoindre. On est prête ? Vous posez la main sur la poignée cylindrique (à bouton central de verrouillage, vous savez), au-dessus de laquelle une feuille vous expose le plan d'évacuation de l'étage, sait-on jamais. On la fait tourner sur elle-même, cette poignée, et la porte, retenue par un groom qui en ralentit le mouvement, se referme doucement derrière vous (ici, pas de portes qui claquent). Sandra s'engage dans le couloir, tapissé d'un bleu plus franc, plus soutenu que celui de la moquette de la chambre, direction la salle du petit déjeuner.

2

Prenons place, je vous en prie, derrière la table couverte d'une épaisse nappe en coton bleu roi, sur laquelle des salières transparentes, des poivrières de même facture et un sucrier de faïence (blanc à liseré bleu, frappé d'un motif végétal) nous attendent déjà, ainsi que des serviettes taillées dans le même tissu que la nappe, soigneusement pliées en cônes pour l'occasion, en une architecture régulière dont on hésite à détruire tout de suite l'agencement. Puis, hop, on les pince par le dessus et on les déploie comme des oiseaux bleus et brouillons dont on laisse un peu flotter les ailes avant d'en poser le volume douillet et mou sur nos cuisses.

Au milieu de la table trône le gâteau de la mission, recouvert d'un glaçage qui en reproduit l'insigne. Les couleurs ne sont pas forcément très alléchantes (ces bleus dominants ne déclenchent pas une immédiate sécrétion des glandes salivaires), mais le folklore est agréable, et les rites, n'est-ce pas, vous inscrivent dans une lignée qui à la fois simplifie et magnifie votre place. Pour le reste, chacun a commandé la veille à la diététicienne ce qu'il souhaitait manger au petit déjeuner, et les assiettes commencent à arriver, tandis que, derrière eux, les larges lames blanches et verticales du store pendent contre la vitre – il est encore trop tôt pour espérer que dans leurs interstices elles laissent passer des rais de jour.

Les voici donc face à nous, alignés d'un seul côté de la table rectangle, les quatre de la mission finale, eux dont le poster circule un peu partout avec ce titre, *Final Mission*, et puisque c'est la dernière fois qu'on envoie depuis l'Amérique une navette habitée. La dernière fois qu'un équipage s'assied derrière cette nappe, la dernière fois qu'on leur confectionne un gâteau tout exprès, et beaucoup de dernières fois encore que nous aurons l'occasion d'égrener.

Nos astronautes se restaurent, assis en rang d'oignons, et c'est le moment, je pense, de vous dire un petit mot sur chacun. Nous avons, dans le sens de la lecture, Rex, Doug, Fergie et Sandra – excusez-les, tous ont un peu des poches sous les yeux, à cette heure si matinale, avec cette petite nuit derrière eux, et la difficulté, on l'imagine, à dormir, comment voulez-vous, une veille de lancement.

Je vous les présente ?

À côté de Sandra, celui que tous appellent Fergie, c'est Christopher Ferguson, le commandant. Il va sur ses cinquante ans, cet été-là. Sandra le connaît peut-être encore mieux que les autres, parce qu'elle a déjà volé avec lui sur la mission STS-126. Fergie est né à Philadelphie, en Pennsylvanie, et si vous lui demandez comment il occupe son temps libre, il vous répondra qu'il aime faire du golf, et travailler le bois. Il joue également de la batterie, on y reviendra.

Doug Hurley, je continue, est le pilote. Le visage aussi rond que Fergie a le sien émacié, et de cinq ans son cadet, Doug est né à Endicott, dans l'État de New York, mais a surtout vécu à une dizaine de kilomètres de là, dans la ville d'Apalachin, restée célèbre, je vous le rappelle en passant, pour avoir accueilli une réunion de la Mafia dans la maison de Joe le Barbier, à la fin des années 1950, occasion alors d'un sacré coup de filet, toutes choses qui, au moment de la naissance de Doug, relevaient déjà de l'Histoire ; et Apalachin devait plutôt lui apparaître comme une succession de petits restaurants faciles à vivre, sans compter son parcours de golf (que Fergie aurait peut-être apprécié) où vous pouvez rouler votre caddie et manier vos clubs dans un décor arboré, sur des pelouses soignées, bordées par une vue somptueuse. Ses loisirs ? Les balades, le vélo, la chasse, les courses automobiles. Doug est marié à la belle Karen Nyberg, qui est astronaute, elle aussi. Et si Fergie a déjà trois grands (son plus jeune fils a quinze ans, sa fille aînée dix-huit), Doug et Karen ont un tout petit de dix-sept mois seulement.

Le troisième Larron, c'est Rex Walheim. Originaire de Redwood City, Californie, deuxième spécialiste de mission, il a deux ans de plus que Sandra, et deux fils adolescents. Dans la catégorie hobbies, il déclare la randonnée, le ski et le football américain, celui qu'on joue momifié de bandelettes, corseté de plastique et bardé de protections des genoux et autres coudières, sans compter ces énormes épaulières, vous savez, nouées à hauteur du sternum, et le visage pris dans un casque grillé.

J'aurais aimé que vous les voyiez arriver, il y a quatre jours, en T-38, atterrissant dans leurs biplaces supersoniques sur le sol de Floride. Sandra volait avec Fergie, et Rex avec Doug. Ils portaient leur casque de pilotage siglé Nasa, auquel se fixe un masque à oxygène. Ils ont soulevé chacun sa verrière articulée, et se sont extraits du véhicule, un peu fourbus, étourdis de ciels et de vitesse. Tous alors ont eu ce geste de remettre en place le col de leur combinaison bleue.

Des masses éparses de longs nuages cotonneux survolaient la scène, mais le soleil donnait en plein sur la piste. Les ombres au sol étaient assez courtes, ce devait être à peu près l'heure du déjeuner. Michael Leinbach, le directeur du lancement, que nous fréquenterons plus longuement dans le chapitre qui suit, est venu les accueillir, simplement vêtu d'un polo beige sur un pantalon brun. Quelques photographes étaient là, et on a distribué à nos quatre astronautes des drapeaux américains de petit format qui se sont mis à claqueter dans le vent. Mais hormis les drapeaux, et les cheveux de Sandra, tout avait l'air étrangement immobile.

Puis nos astronautes ont marché vers le micro monté sur pied qui les attendait devant une foule modeste massée derrière des barrières de sécurité, constituée essentiellement d'employés du Kennedy Space Center. Fergie a pris la parole le premier. Après neuf mois d'entraînement, ils étaient là, en Floride, pour le lancement. A-t-il entériné. Et, comme dans un groupe de musique, il a présenté, *I would like to introduce*, à sa gauche, Doug, et il s'est déplacé d'un pas sur le côté pour lui laisser le micro. Doug l'a remercié, enchaînant par une remarque sur le temps, cette chaleur typique des étés ici. Il a félicité ceux qui avaient travaillé sur la navette, avant de prononcer à son tour quelques mots sur Sandra. Pendant qu'il en esquissait la biographie, Sandra chuchotait quelque chose à l'oreille de Rex, dans un genre de décontraction apparente, de légère et ostentatoire dissipation, mais on la sentait un peu tendue, peut-être à cause de ce soleil de face, inconfortable et aveuglant. Elle a pris place derrière le micro, et là, elle les a coiffés au poteau. Stylistiquement, j'entends. À leurs phrases littérales, bien ancrées dans le réel, elle a opposé une parole imagée. C'est un peu sa marque, Sandra, on le verra, de vous glisser une petite métaphore quand vous ne vous y attendez pas. Elle a rendu hommage à ceux qui étaient là, derrière les barrières, et à toutes les équipes qui, à un stade ou à un autre, avaient œuvré pour cette mission et rendaient le lancement possible, et pour ce faire elle n'a pas hésité à utiliser, vous vous en doutez peut-être, ce mot-là d'iceberg, car eux quatre n'étaient-ils pas, de toute cette aventure, le sommet visible, tandis que toutes ces équipes discrètes et nécessaires en étaient la partie immergée. Vous savez comment ça se passe, avec les métaphores : l'idée de blocs de glace flottant dans les eaux, l'imagination de fjords aux arêtes coupantes contre des ciels électriques, a circulé fugitivement dans les esprits, absolument étrangère à la situation, au paysage de la piste rase, définie par une haie d'arbres, dans lequel ils étaient rassemblés, mais la plus exacte pourtant. Puis Sandra a introduit Rex, lequel a déclaré, souriant, qu'ils étaient heureux d'être là, avec la navette qui les attendait sur le pas de tir. Et il a parlé de tout le travail qui restait à faire.

Quelqu'un ensuite est venu enlever le micro, et ils ont marché vers le camion blindé, dont la blancheur de la carrosserie réfléchissait vivement la lumière, et qui de son côté roulait doucement à leur rencontre sur la piste.

3

On voit bien le ciel, à présent, depuis les baies vitrées de la salle de lancement, et devant tout cet afflux de nuages on peut rester perplexe. Observez-moi ces cumulus gros et gras qui se pressent les uns contre les autres. Pas de trouées, non, mais une seule couche compacte, qui vous mange la lumière et annule presque les ombres au sol. Ces nuages qui bourgeonnent, bombent et cloquent, boursouflés et vultueux, ne disent rien de bon aux météorologues, et Michael Leinbach leur jette un regard inquiet.

C'est lui qui doit donner l'autorisation ultime de départ à la navette, et ce ciel-là ne lui facilite pas la tâche. Il interroge régulièrement Kathy par radio, laquelle lui donne des nouvelles de la force des vents. Kathy, c'est Kathy Winters, et ça ne s'invente pas, de porter le nom d'une saison, quand on est relais des conditions météo.

À 5 heures ce matin, les pluies menaçaient et on penchait plutôt pour un *no go*. Il faut vous dire qu'en juillet, sur la côte est, on voit beaucoup d'orages. La semaine a été lourde en averses, et des éclairs ont même frappé le sol à proximité du pas de tir. Tout est très instable. À 5 h 24, les choses semblaient s'éclaircir, puis à 5 h 43 ces nuages lourds à crever paraissaient de nouveau prohibitifs. À 6 h 30, la perspective de l'annulation du lancement était quasi certaine, mais on s'était donné jusqu'à 7 h 30 pour prendre une décision. À 6 h 47, on se dirigeait pourtant de nouveau vers un *go*. Le suspense est épuisant.

Il est 7 h 10, et voici où en sont les prévisions : averses éparses, dont on craint qu'elles ne s'interposent sur le trajet de la navette, et la nuisance de cette onde tropicale que tout le monde évoque. Ce qui donne, si on traduit en probabilités, 30 % de chances pour que le vol ait lieu.

Michael vérifie quelque chose sur son écran, puis considère son équipe.

Ils sont tous là, chacun assis derrière sa console, leur badge en pendentif. Certains mastiquent un chewing-gum pour tenter de détendre leur mâchoire crispée par les enjeux. Ils se concentrent sur leur ordinateur et tournent les feuilles perforées des grands classeurs placés devant eux, qui leur indiquent les étapes à suivre. Les pages sont stabylo-bossées, et hérissées de post-it. D'une main, ils tiennent leur stylo, de l'autre ils agrippent la souris qui leur permet d'évoluer sur l'écran. Quelques feutres fluo traînent par-ci par-là. Des combinés téléphoniques à gros cordon enroulé sont branchés un peu partout, mais tout le staff arbore également un casque-micro en serre-tête.

Nombre d'entre eux sont en blazer, généralement gris (allant, disons, de l'anthracite au perle), mais beaucoup également en bras de chemise, des chemises blanches, bleu de ciel, une ou deux parme, et puis, tenez, une vert olive, ou même, vers le fond, une jaune citron. Avec ou sans cravate, mais plutôt avec, des magentas, des noires, souvent unies, parfois tachetées de tout petits motifs discrets, du genre légers losanges. Les femmes ont dans l'ensemble choisi des vestes de tailleur foncées, mais certaines aussi sont en chemisier, ce qui nous donnera l'occasion d'admirer, par exemple, cet énergique bleu Majorelle. Et on continue de consulter les classeurs et de vérifier les écrans, tout en faisant parfois tourner son siège, c'est toujours tentant, de confortables fauteuils pivotants, à roulettes, bien rembourrés et dotés d'un appuie-tête.

Les baies vitrées donnent, au loin, sur le pas de tir. On aperçoit la navette, par-delà les étendues plates d'herbes et de routes. Michael fait quelques pas, de long en large, les mains dans les poches. Il se tient devant les vitres et offre sa silhouette dans un léger contre-jour, malgré l'éclairage intérieur.

Michael, j'aimerais que vous vous le représentiez soigneusement. Chemise tourterelle, cravate ardoise rayée d'obliques granit, marine et ciel, pantalon de flanelle acier à très fines rayures, aux jambes ourlées sur un revers, chaussures derby noires, bien lacées, bien cirées, dans le cuir desquelles vient se prendre un reflet quand il s'assied et croise les jambes, laissant alors apparaître des chaussettes également noires. Accessoire : une montre qui enserre son poignet et dont le bracelet métallique apparaît d'autant mieux qu'il a retroussé ses manches sur ses avant-bras. Ça, c'est pour le vestiaire, et pour ce qui est du portrait, le visage, comment dire, et comme il est difficile de faire surgir avec de seuls mots une image juste, fidèle, ressemblante, un visage assez large, avec quelque chose en même temps d'acéré et de flou, si, si, l'arête du nez, légèrement aquilin, contrastant avec le tombé des joues. Une raie toute proprette et bien tracée, sur le côté gauche, départage ses cheveux blond-roux. L'œil est aigu, précis, concentré, bleu.

Michael est une présence forte, rassurante, les fédérant tous. Et pourtant, solitaire contre la baie vitrée, il se bat contre une anxiété perceptible.

Qu'est-ce qui passe donc sur la figure de cet homme et qui y plaque comme l'ombre portée de nuages intimes, fugaces, qu'il s'efforce de chasser ? Quel est ce voile de tristesse qui flotte sur ses traits ?

Ce matin n'est pas, de loin, le plus facile de son existence, et on peut bien en énumérer, de légitimes causes d'inquiétude et de chagrin, dont une seule, sans doute, suffirait à l'assombrir, et dont l'addition contribue à entériner l'effet. Nous savons comme lui que c'est la dernière fois qu'il vit un lancement de navette, et nous la lisons, cette pensée, sur ses traits, cette sorte de nostalgie par anticipation, et comme le poids de toute une vie, alors, qui vous tombe dessus à l'idée de ce qui se termine. Un parcours prend fin, là, dans ce matin tout gris, avec ce ciel humide et morne qui aspirerait l'énergie de n'importe qui. Cet enchaînement d'années qu'on n'avait pas vues filer, et auxquelles cette matinée va mettre un terme, reléguant tout ce temps, qui était mobile et vivant et perpétuellement actif, au statut des choses passées, rigides et mortes.

Ce sentiment lestant des dernières fois les envahit tous, et ils essayent de le repousser dans le mouvement de leur attention aiguë à la complexité technique de ce moment. C'est une pensée amère et âcre que chacun, sans le vouloir, mâchonne, et à laquelle vient se mêler une appréhension au sujet de la suite (cinquante-huit ans, Michael le sait, c'est âgé pour se présenter de nouveau sur le marché du travail).

Et puis, pour compliquer les choses, il y a cette météo indécise, qui fait qu'on ne sait pas sur quel pied danser. La navette pourra-t-elle partir ? Cette incertitude jette une ombre sur leur travail à tous, car c'est peut-être pour rien qu'ils enclenchent une à une les vérifications successives et continuent de faire comme si le lancement allait avoir lieu malgré le très faible pourcentage de chances qu'on leur annonce. Et c'est aussi un poids sur les épaules de Michael. Jusqu'où doit-il tenir compte des prévisions ? Tout un protocole est en place, qui définit par avance les décisions à prendre en fonction des paramètres, mais il lui reste une marge de manœuvre, et comment ne serait-elle pas anxiogène ?

Il continue d'aller et venir, tantôt le regard baissé, engoncé dans ses idées, tantôt relevant la tête vers la salle, ou la tournant vers le dehors, présentant son visage grave à la lumière crue qui s'engouffre par la baie et révèle alors, outre ce petit pli de la bouche qu'on ne lui a pas toujours connu, la vérité m'oblige à prononcer le mot, une légère couperose, une peau comme malmenée, une méchante capillarité, les vaisseaux éclatés par la tension, par une mauvaise pression sanguine, ou par le vent, ou je ne sais quoi encore, par cette marche, peut-être, dans les marais, parce qu'il faut bien que je raconte cette marche, le visage blessé par les pluies hostiles et le chagrin et ce remords inutile et l'angoisse qu'il engendre, et quels sentiments encore qui se mélangent et le travaillent, tandis qu'il oppose son corps un peu lourd, lesté, comme un rempart entre ceux de son équipe, qui lui font face, et la navette minuscule, derrière lui, qui signe le paysage par-delà les baies vitrées.

C'est que, dans cette décision du *go*, que la météo de ce matin rend plus difficile encore, pèse forcément la mémoire d'un autre *go* qu'on s'en veut d'avoir donné, et même si on n'y est pour rien, même si tout concordait pour vous conduire à le prononcer, ce jour-là, ce mot de *go*, ce jour où on aurait voulu avoir eu une extinction de voix, oui, ou être resté prisonnier de son lit avec une fièvre si forte qu'il n'y aurait rien eu à faire, malgré l'importance de l'événement et celle de sa fonction, pour s'extirper des draps familiers, domestiques et protecteurs ; ce mot de *go* qu'on avait donc proféré, et je ne parle pas de ce 29 janvier 1986, Michael n'était pas encore *Launch Director* à l'époque, même si cette catastrophe-là est forcément aussi dans les esprits à chaque lancement, le vent était mauvais, le froid glacial, et soixante-treize secondes après le décollage un booster de Challenger s'était enflammé à cause d'un joint défaillant, mettant le feu au réservoir externe, puis à la navette elle-même ; ce mot de *go* que Michael avait eu toutes les raisons de prononcer, un matin d'hiver, au cœur de janvier 2003, où la navette Columbia s'était élancée, perdant ensuite au cours de sa montée un morceau de mousse isolante, qui s'était détaché et avait percuté, on ne s'en était pas rendu compte, l'aile gauche, et dans la violence de la vitesse y avait laissé un trou qui, une quinzaine de jours plus tard, au moment de la rentrée dans l'atmosphère de la navette, a provoqué sa désintégration. L'affreux zigzag de fumée, et les choses qu'il a fallu prendre en main, qu'il a su prendre en main, Michael, dirigeant les recherches, dès les heures qui ont suivi, partant en quête des débris, avec ses hommes. Et ils avaient marché, les yeux rivés au sol, dans de longs cirés jaunes, leur capuche sur la tête par-dessus un casque de chantier, armée bizarre, dans leurs tenues identiques, silhouettes hagardes dans les paysages vides, humides et nus. Certains s'appuyaient sur un lourd bâton qu'ils enfonçaient dans la terre détrempée, et de temps à autre il y en avait un pour se pencher et attraper quelque chose entre ses doigts gantés, un bout de rien, qui avait peut-être appartenu à la navette. Ils traquaient des morceaux de carlingue, des vis, n'importe quoi qu'on pourrait mettre bout à bout ensuite, sur le sol d'un hangar du Kennedy Space Center, pour tenter de reconstituer patiemment, linéairement, le véhicule et de trouver la faille. Et c'était pour que ça ne se reproduise plus, bien sûr, pour que les ingénieurs repensent les choses, une fois qu'on en aurait établi la cause ; mais aussi et d'abord pour apaiser les pensées, pour les regrouper, pour qu'elles cessent enfin de partir dans toutes directions, car c'était ce qu'elles faisaient, brasser sans discontinuer des hypothèses épuisantes. Pour pouvoir raconter cet épisode manquant de l'histoire, ce qui s'était déroulé là-haut, sous leurs yeux, et sans qu'ils n'y voient rien, non, que ce Z de fumée qui avait zébré le ciel. Pour que l'histoire soit claire et nette. Elle n'en serait pas moins terrible, mais du moins on pourrait la dire. On pourrait poser des mots, mêmes pénibles, même douloureux, sur la catastrophe.

Alors il y avait eu tous ces débris réunis sur le sol, comme l'ossature lacunaire d'une créature préhistorique dont on contemple le mystère. Le squelette noirci d'un monstre, qui devait seulement leur apporter gloire et fierté, et qui s'était retourné contre eux. Tous ces morceaux amochés de la navette offraient le spectacle atroce de ce qu'il en restait, mais ce qu'on y voyait, plus encore que les fragments matériels et techniques de l'engin incomplètement recomposé, c'étaient les corps absents des morts : c'était à ça que ça renvoyait, à l'idée de ces corps absents. Ce qu'on avait ramassé, ces bribes d'épave métalliques, un tiers peut-être du véhicule. Le reste s'était désintégré dans l'atmosphère. Ou était tombé dans l'eau du lagon.

Et ça doit bien le hanter, Michael, ça doit revenir le tourmenter, l'image de ces osselets sur le lino du hangar, et celles de la battue horrifique, la battue étrange et cauchemardesque, comment en oublier la vision, la lenteur de leur avancée, le bruit mou du pas des hommes en cirés jaunes dans la boue suintante, le vent dans les arbres, le fouillis des branchettes nues qui les griffaient au passage et raturaient le ciel morne, le décor désolé de l'hiver, la nature démunie et hostile dans laquelle ils avaient mené leur marche macabre, hébétée et mécanique.

4

Haut les cœurs, Sandra et les autres. Car malgré la météo incertaine, il faut bien faire comme si on partait.

On a passé avec succès la dernière visite médicale – plus une formalité qu'autre chose, au reste, quand on est si près du lancement. On vous prend votre tension, bon, on vous fait tirer la langue, on vous pose deux trois questions. Une prise de sang, c'est vrai qu'on serait tranquille, une petite numération avant le départ, avec la CRP tant qu'à faire, mais franchement ça ne semble pas utile. Le médecin plaisante avec vous, on laisse son regard errer sur les posters prophylactiques qui distribuent leurs conseils sous forme de jeux de mots adaptés à la situation (*scrub your hands, not the mission*), et où s'égayent des personnages comiques, aux figures hilares, souvent rouges, au nez en forme de pomme de terre, les uns en blouse blanche, les autres en scaphandre, quand ce ne sont pas un ballet d'insectes aux yeux exorbités (*There are no small bugs*). Mais je vois que le médecin vous fait signe que ça va, qu'il ne va pas vous embêter plus longtemps, et on peut donc se rendre dans la salle d'habillage, le *Suit-Up Room*.

On entreprend maintenant d'enfiler les combinaisons.

Ça commence par un moment délicat, qui réclame un peu d'intimité. Dans un petit coin tranquille du vestiaire, derrière une porte, vous mettez, ne prenez pas cet air pincé, une couche-culotte : le temps va être long dans la navette à attendre le lancement, harnaché à votre siège. Même plus la peine d'en fixer sur les côtés des bandes autocollantes, il existe à présent des modèles slips bien pratiques, voyez, avec des élastiques. Bien.

Viennent les chaussettes, sur lesquelles vous engagez les passants d'une première combinaison thermique bleue, la voici, parcourue de petits tuyaux flexibles. Vous la remontez tranquillement, glissez vos bras dans les manches, voilà. Elle épouse bien la forme de votre corps, absorbera la transpiration, vous gardera à l'abri de la chaleur comme des froids extrêmes, et pour cette raison vous la porterez aussi si vous faites des sorties extra-véhiculaires, mais on n'en est pas là.

Maintenant, il vous faut vous placer debout à côté de l'un des fauteuils bruns de la salle d'habillage, celui qui vous est dédié, pour vous introduire dans votre combinaison orange, ce qui n'est pas, autant vous le dire, une mince affaire. Sa fermeture éclair commence au niveau de votre pubis et remonte jusqu'en haut du dos, où elle laisse place à une collerette en caoutchouc dans laquelle vous allez engager ensuite votre tête, je ne sais pas si vous voyez le travail. Cette collerette bloque l'accès par le haut, ce qui fait que vous ne pouvez pas endosser cette combinaison aussi simplement que la première, en la déroulant sur vous. Il faut profiter de la fenêtre que ménage ce zip dorsal une fois descendu pour y entrer un peu comme dans une tente, une jambe, puis l'autre. Allez, on y va. Oui, c'est ça. Un technicien vous aide, vêtu pour sa part d'une combinaison en coton beige foncé dont on voit tout de suite qu'elle ne présente pas du tout le même niveau de difficulté. Maintenant, les bras. C'est très bien. Puis la tête, en forçant un peu la jupe de polyuréthane noire, assez petite, mais élastique, et qui s'agrandit quand vous y passez votre cou. La fermeture éclair bâille toujours dans votre dos, à ce stade, et c'est là que le bât blesse, car votre popotin, excusez-moi, dépasse un tantinet, comme me l'a expliqué l'astronaute Jean-François Clervoy, qui m'a gentiment mimé, la deuxième fois où nous nous sommes vus dans son bureau du Centre national d'études spatiales, les péripéties de l'habillage – mais on va y remédier. Le technicien remonte soigneusement le long de votre colonne vertébrale la fermeture à glissière métallique, prise dans une large gaine noire qui dessine à présent une bande bien verticale. Astucieusement fixée à sa tirette, une longue lanière bise, qui forcément pendouille derrière vous, vous permettra de descendre cette fermeture dorsale par vous-même quand vous en aurez besoin.

Voilà donc une bonne chose de faite, et votre technicien tourne autour de vous pour vérifier que tout va bien, soulève une poche (votre costume est bourré de poches), il a l'air content. Vous arborez désormais votre combinaison orange, que certains appellent *pumpkin suit*, à cause de sa teinte effectivement potiron. Ne voyez pourtant là aucune référence à Halloween, ni gentille fantaisie de la part des ingénieurs qui vous l'ont dessinée : sa couleur vive a été choisie de façon à ce que l'on puisse vous repérer de loin, en cas d'atterrissage forcé, évidente et tranchant bien sur un désert de neige, et criarde dans le vert des forêts (dans l'eau aussi, où l'on ne sera pas mécontent que l'orange soit le complémentaire du bleu).

Espérons que vous n'aurez pas à fanfaronner dans des décors blancs ni complémentaires, levant vos bras orange pour faire de grands signes vers le ciel où vous espéreriez l'apparition d'un hypothétique hélicoptère, et évitons pour le moment de penser au fait que votre combinaison, en termes plus techniques, est désignée sous le terme d'ACES, qui n'est pas autre chose que l'acronyme d'*Advanced Crew Escape Suit*.

Mais hop pop pop pop, ce n'est pas terminé. Vous devez à présent vous asseoir dans votre fauteuil pour enfiler votre casque et vos gants, et vérifier la pressurisation de votre combinaison. On la relie alors par des câbles à une machine qui se trouve derrière vous, et on la gonfle. Ce à quoi il faut être attentif, c'est avant tout à ce que le taux de fuite ne dépasse pas la norme autorisée. Il peut arriver, il y a des précédents, qu'au niveau de la collerette, ce ne soit pas tout à fait étanche. Mais pas de panique, les techniciens qui vous entourent savent comment résoudre ce problème.

On se familiarise avec les gants, Rex bouge un peu ses doigts à l'intérieur, fait travailler ses articulations. Ce n'est pas franchement pratique, mais il faudra bien faire avec. En attendant, on les retire, un doigt par un doigt, et on les rend, voilà, merci.

On a ôté son casque aussi, et on patiente. On a également fait des essais d'oreillettes et de micro, reçu quelques conseils à ce propos, et tout s'est bien passé. Les techniciens en combinaison beige semblent satisfaits de leur travail, et ils continuent de vous enrober d'un œil attentif. Certains de nos astronautes préfèrent rester assis, Sandra est plus souvent debout, et elle discute avec des gens du Centre. Des individus en polo prune, ou gris souris, traversent la pièce et jettent un regard ici ou là pour vérifier que, de leur point de vue aussi, tout est au petit poil, tandis que défilent des photographes, hop, légère flexion des genoux pour se placer à hauteur de nos astronautes assis, clic-clac, et puis tiens, encore clic-clac, tout ça n'est pas très intime. Il y a d'ailleurs pas mal de bruit tout autour, un genre de vacarme de piscine couverte, ou presque, plusieurs conversations qui se tiennent simultanément, ou peut-être pas exactement des conversations, mais des phrases, disons, lancées çà et là, et plus ou moins en même temps.

Au milieu de cette petite cacophonie matinale, ils sont fin prêts, nos quatre astronautes, et ils attendent, sourient aux objectifs, plaisantent, normalement tendus. Le drapeau américain est cousu sur leur bras gauche, juste sous l'épaule. Contre leur buste, sur le poumon droit, vous apercevez l'insigne de leur mission, la STS-135. On y voit une navette blanche et proprette, verticale, cockpit vers le haut, prise dans une manière de ruban qui se déplie selon la forme d'un oméga. Pourquoi avoir choisi comme motif la dernière lettre de l'alphabet grec ? C'est, vous avez raison, en référence au fait qu'il s'agit de la dernière mission. Et savez-vous qui a conçu cet insigne ? Vous ne serez peut-être pas mécontents d'apprendre ce détail : c'est la femme de Rex, laquelle est graphiste de profession. Et vous imaginez combien il doit être tout attendri, Rex, à l'idée que c'est ça qui l'accompagne, ça qu'il porte, là (il aurait préféré sur son cœur, bien sûr, mais sur son cœur c'est le logo de la Nasa, avec, au-dessus, son nom, Rex Walheim, inscrit sous l'aigle américain), le dessin, eh oui, qu'a fait sa femme.

5

Elle est d'ailleurs sans doute quelque part pas loin, la femme de Rex, encore dans son hôtel de Cocoa Beach, ou peut-être déjà dans le Kennedy Space Center (les épouses ont le droit d'assister au lancement depuis le toit de la salle de lancement), Margie anciennement Dotson, cheveux châtain-blond, mi-longs, souvent relevés en une simple queue-de-cheval, comme doit être là aussi la femme de Fergie, qui s'appelle également Sandra, et certainement celle de Doug. Karen s'entraîne en ce moment en Russie, mais elle a pu obtenir un congé exceptionnel pour venir voir son mari s'élever dans le ciel de Floride.

C'est une jeune femme très famille, comme on dit, Karen, et qui aime, quand son emploi du temps le lui permet, aller passer des moments chez ses parents, dans le Minnesota. Sa mère répond au doux nom de Phyllis, et son père, à celui de Ken. En guise de violon d'Ingres, Ken fait de la sculpture. Ce sont des sculptures énormes, et plutôt rigolotes, qu'il expose dans le Nyberg Park de la petite ville de Vining, où ils habitent (le parc se trouve juste à côté de la station d'essence, vous trouverez sans peine). Vous avez là par exemple une gigantesque pince à crans entre les branches de laquelle il a glissé un insecte métallique, ou encore un pied immense, dont le pouce est un peu relevé, un cactus en pot dont les proportions sont également considérables, ou, tenez, je me demande si ce n'est pas celle que je préfère, une tasse qui paraît magiquement suspendue et d'où se déverse une coulée de café de la taille, pour vous donner une idée, de deux petits garçons montés sur les épaules l'un de l'autre. Ken récupère tout ce qu'il peut, des lames de tondeuses à gazon, des bouts de fer qui proviennent de bateaux, des plaques de métal que des voisins lui apportent, et il vous soude tout ça, avec son fer et son masque, en des compositions figuratives qui viennent chaque fois augmenter les silhouettes du parc. Tout un bestiaire, aussi, car je n'ai pas mentionné l'éléphant, ni le rhinocéros, ni le cerf altier, ni le héron qui tient dans son bec la courbe parfaite du corps d'un poisson.

Quand elle va là-bas, Karen se dépense en plein air. Elle emmène ses chiens avec elle, et ils courent, comme ça, dans les paysages du Minnesota. Parfois, Doug la rejoint, et ils se font des virées ensemble, sac au dos, dans les parcs nationaux, du côté des lacs, ou dans les montagnes.

Doug dit souvent que c'est tout de même bien commode, quand on est astronaute, d'avoir un conjoint qui le soit aussi. Chacun, paraît-il, est à même de comprendre les sensations de l'autre, sans même qu'il en parle ; et non seulement on accepte plus facilement les périodes de séparation liées aux missions comme aux entraînements, mais on partage ce désir de voler, et tous les sentiments complexes qui vont avec.

Pour les autres, il existe des employés, à la Nasa, spécialement affectés à la gestion des familles. Si l'homme ou la femme de votre vie s'apprête à s'en aller orbiter autour de la Terre, et que vous ne vous sentez pas tout à fait de taille à faire face, vous pouvez toujours aller frapper à la porte du bureau de Laura Steinmann. Le visage souriant, les cheveux courts, blonds, elle vous écoutera, tandis que, l'œil divaguant, vous chercherez vos mots dans le cadran d'une pendule prise dans un boîtier orange, dans une statuette de bronze qui fait office de serre-livres et représente un animal allongé sur le flanc, à moins que vous ne préfériez laisser votre regard flâner sur le panneau cartonné sur lequel trône un Snoopy en casque de cosmonaute, debout sur la navette en vol dans un ciel bleu profond où figure, en haut à droite, la Station spatiale internationale, avant de poser de nouveau vos yeux dans ceux de Laura (bleus, derrière les verres de ses lunettes) pour finir de lui exposer votre problème.

Beth Turner également vous conseillera, surtout à propos des sollicitations des médias, des questions des journalistes, des réponses que vous pourrez leur donner. Beth et Laura travaillent en coordination avec une équipe de psychologues, ainsi qu'avec des astronautes qui expliquent aux familles le processus de l'entraînement puis du lancement. On fait tout pour vous préparer au mieux à ces séparations d'une teneur étrange. Car c'est une chose de voir son conjoint partir travailler dans une ville différente, et une autre de le savoir là-haut, flottant en impesanteur entre les parois étroites de modules qui tournent autour de la Terre pendant que vous continuez de vous confronter tout bêtement aux avantages et aux inconvénients de la gravité.

Mais les psychologues ont beau faire des tableaux, établir des protocoles, et fournir des outils pour aider les familles, chaque personne, Laura et Beth vous le diront, réagit à sa manière. C'est aussi ce qui rend leur travail intéressant, toute cette diversité, pensez. De la matière vivante, et elles font de leur mieux. Ce sur quoi elles insistent, c'est qu'il n'y a pas de sentiment que vous *devez* éprouver, non, jamais rien d'obligatoire, rien de normatif. Laissez-vous aller. Ce seront une foule d'impressions variées, parfois contradictoires, qui vous assailliront, successivement ou parfois même simultanément, et vous ne devrez pas vous en vouloir de ça, au contraire. Et elles énumèrent, elles recensent, ce sera peut-être tristesse, anxiété, oui, bien sûr, mais aussi soulagement, c'est très possible, et encore griserie, enthousiasme, et, oui, bonheur, même bonheur, disent-elles.

Beth aura organisé votre voyage jusqu'au Kennedy Space Center, et elle vous accompagnera, tout à l'heure, lors du lancement. Elle sera là, à côté de vous, avec ses cheveux longs, d'un blond presque blanc, et qui rebiqueront aux pointes sous l'effet d'un léger brushing, particulièrement soigné pour l'occasion. C'est un moment qu'elle affectionne, ce moment-là, où elle regarde avec les conjoints ou conjointes, un moment qui, si j'avais à le vivre, la nuque cassée vers le ciel, depuis le toit de la *Firing Room*, me vrillerait le corps, je pense, et me laisserait presque pour morte. L'idée du corps aimé enfermé dans le ventre de la navette qui s'apprête à le propulser, de toute la violence de ses moteurs, jusqu'en dehors de notre atmosphère, filant ainsi vers le grand vide, c'est plus que je ne pourrais supporter. Beth affirme que les familles, en général, le vivent bien, qu'elles sont dans l'excitation et dans la fierté. Je ne sais pas. Chaque personne est différente, comme disent aussi Beth et Laura.

Toujours est-il que pour Karen et Doug, les choses sont un peu plus aisées, même si la peur est forcément là. Et quant à l'organisation, eh bien Karen emmène leur fils avec elle en Russie, et inversement, quand elle devra séjourner sur la Station spatiale, c'est Doug qui s'occupera de lui, chez eux, à League City, tout près de Houston.

Jack, il s'appelle, ce petit garçon, un blondinet (il y avait de grandes chances) ; et cinq mois et demi sans se voir, ce sera long, surtout pour lui, à échelle du temps très lent de l'enfance, mais Karen enverra des vidéos sur sa vie dans la Station, et on ne cessera d'être en contact. Elle lui aura préalablement expliqué comment ça se passe, là-haut, mimé la microgravité, afin qu'il se fasse une idée la plus claire possible des choses, pauvre choupinet. Et si vous me permettez de quitter très provisoirement cette matinée du 8 juillet 2011 pour continuer à nous projeter dans un futur relativement proche, celui du retour de Karen (quoi, novembre 2013), je suis même en mesure de vous dire que, pour faire plaisir à Jack, elle lui construira, ça, Doug ne le sait pas encore, un modèle réduit de la Station dans des cartons alimentaires. Oh, ce sera sommaire, avec des tracés au gros feutre, mais Jack sera enchanté, et ça traînera longtemps sur sa moquette beige, avec ses autres jeux, renversés sur son petit tapis à carreaux bleus, certains en bois, à l'ancienne, d'autres en plastique, avec aussi ses peluches et ses livres, le tout surveillé par une toile qui représente la navette de face, sur la piste d'atterrissage, devant une bande de verdure sombre sous un grand ciel clair.

Vous pensez que je connais bien Karen, et que je suis allée chez eux ? Je suis moi-même surprise de pouvoir vous raconter tout ça sans en avoir reçu la confidence à l'oreille. Mais n'importe qui peut tomber sur cette photo de la chambre de leur fils, parue dans le *Houston Chronicle*, et sur laquelle Karen pose en mère de famille, tandis que gît le carton dans lequel elle a découpé une réplique de la Station.

Et je m'étonne tout autant, Margie, d'avoir pu entrer (virtuellement) dans la cuisine où Rex, les enfants et toi prenez vos repas. On vous voit, assis autour de la table, priant avant de commencer à manger. La photo a paru elle aussi dans le *Houston Chronicle*, et Rex a dû trouver que cela donnait une image constructive de votre famille. Vous êtes assis face à face, et vos deux garçons à l'orthogonale d'une table ronde, ou légèrement ovale. Sur la toile cirée sont posés quatre sets molletonnés, couleur kaki, sur lesquels attendent vos assiettes, rejointes par des ramequins de légumes, des coupelles de sauces, une assiette creuse remplie de tranches de pain, une assiette plate sur laquelle quatre demi-citrons renversés forment des monticules (ou sont-ce bien des citrons ?). La lumière du jour, douce et grise, passe largement par les carreaux de la double porte-fenêtre en PVC, bordée à gauche par un yucca en pot, et par la vitre de la fenêtre qui surmonte l'évier, tandis qu'un plafonnier dispense au-dessus de vous un complément de photons jaunâtres qui, dans un effet discret de douche, accentuent le modelé de vos visages. Le sol est dallé, gris clair, une écuelle y traîne. On sent, à certains détails, la mise en scène, un peu précipitée, avec des petits ratés de script (l'assiette de pain a été touchée, par exemple, alors que vous êtes censés prier avant d'entamer votre dîner ; tout le monde n'a pas de verre sur la table, et j'en passe), mais aussi je ne sais quoi de privé, qui émeut, des détails domestiques. Et dans ce simulacre de repas en famille qui révèle l'intérieur de votre cuisine, comme tout à l'heure dans la chambre de Jack, je suis troublée que vous nous laissiez si facilement entrer dans une intimité à laquelle je ne pensais pas pouvoir avoir accès.

Elle est donc dans les parages, Karen, et elle connaît bien les lieux. Et Margie sans doute. Et la Sandra de Fergie. Tout ce petit monde dort à l'hôtel, mais, dans les journées qui ont précédé, on se retrouvait tous ensemble, avec nos quatre astronautes, à la Beach House.

6

Imaginez une maison posée au bord de l'océan.

La forme en est simple, le plan presque rectangulaire. Le rez-de-chaussée, autrefois un garage, pour l'essentiel, est formé d'un bloc de béton, le premier étage est en bois. Sur le toit plat, on a ajouté, après l'ouragan de 1997, un second toit en léger appentis. On en a profité pour envelopper la façade d'un escalier de bois à plusieurs volées, aux angles droits, qui aménage là une terrasse sommaire où se tenir pour regarder les vagues.

Construite au tout début des années 1960, cette bâtisse est la seule de toutes ses consœurs qui n'ait pas été rasée au moment de l'acquisition de ces terres par la Nasa. Réchappée du massacre, survivante, unique et solitaire, elle offre un refuge absolument isolé, séparé de l'eau par des dunes basses, et un fouillis de palmiers nains. À quoi il faut ajouter un pêle-mêle d'agaves, longs et charnus, plusieurs touffes graphiques d'aloès, quelques oponces, à mon avis, et toutes sortes de graminées dont les tiges plus folles, fines et flexibles, se balancent en lisière, retenant le sable de leurs longs rhizomes rampants. Possible qu'on puisse déceler aussi dans tout cela une poignée de panicauts, dont l'évidente allure de chardons rend difficile l'idée qu'ils appartiennent en réalité à la famille des carottes (mais il faut de tout, n'est-ce pas, dans une famille) ; et partout mille herbes anémophiles, c'est-à-dire, la chose est nécessaire ici, qui aiment le vent.

Offerte à l'air salin, dernier rempart, pourriez-vous dire, avant l'immensité, la Beach House est le lieu où l'on vient se recharger les poumons au grand air dans les jours qui précèdent le lancement. On y écoute le flux et le reflux des marées sous le ciel immense, et on bénéficie des sentiments complexes qu'un tel paysage vient réveiller en vous. On ne voit que ça, d'ici, l'océan bleu, vert, gris, toujours frémissant, l'océan qui s'étend indéfiniment derrière les quatre vitres de la baie, et le même encore depuis la balustrade de la terrasse, quand on vient s'y accouder pour considérer les choses à l'air libre et les cheveux au vent, avec cet horizon repoussé au plus lointain des lointains, qui repose agréablement vos muscles ciliaires, trop habitués en ville à se contracter pour bomber votre cristallin devant des objets toujours proches, sans cesse sollicités par l'obstacle des façades, fatigués par ce cadre urbain sans profondeur de champ.

Cette maison a été conçue comme un espace convivial où vous pouvez vous rendre dans la journée pour y recevoir votre famille. Est-ce que vous ne serez pas heureux d'y faire un barbecue ? Ah, cette odeur de charbon de bois que le vent chasse ou rabat par bouffées, mêlée à un vague parfum d'alcool à brûler, ah, le papier qu'on froisse et qu'on glisse, du bout précautionneux d'une tenaille, contre les braises, ah, le doux crépitement que c'est ; et bientôt, dans les effluves des saucisses en train de cuire, on se presse autour du gril comme si on était en train d'accomplir un rite, de brûler cette graisse de viande en l'honneur de je ne sais quelle divinité, dont l'issue du lancement dépendra de la clémence.

On va et vient entre le dehors et le dedans (attention, la saucisse roule un peu sur l'assiette en carton), souriant, inquiet et désœuvré.

Fraîchement repeinte au moment où se déroule notre histoire, la façade affiche une belle couleur crème anglaise, avec finitions (je parle en particulier de la rampe des escaliers extérieurs) coquille d'œuf. À l'intérieur, la frisette d'origine a été remplacée par du placoplatre, et l'ameublement vous a tout à fait un air de location saisonnière : lampe à l'abat-jour cloche, chaises en rotin, fauteuils dépareillés, canapé fatigué, choisissez où vous préférez vous asseoir. Et puis comme, tandis que vous mâchez, votre regard s'enfonce machinalement dans l'âtre vide, absorbé par son obscurité neutre et calme, puis en ressort pour, de cette même cheminée, parcourir le manteau en un panoramique distrait, que voyez-vous, sur quoi votre œil s'arrête ? Une horloge qui arbore des chiffres romains, dont la désuétude vous frappe. N'ont-ils pas quelque chose d'incongru, ces X, ces V, ces I, dans ce monde de cristaux liquides qui est celui de nos astronautes, cet environnement de technologie avancée auquel on les associe ? Cette image démodée, aux références antiques, d'un coup vous semble rassurante. On se sent brusquement rattaché à un passé flou, mais solide, épais et ancestral, aux fondations lointaines et sûres, et c'est exactement ce dont on a besoin dans ce moment.

Car on n'en mène pas large, vous vous en doutez, à mordre dans son hot-dog à côté de celui ou celle qui s'apprête à partir dans le vide intersidéral. On essaye de se donner bonne contenance, on ressort sur la terrasse, où l'on déboule en clignant un peu des yeux, à cause de toute cette lumière océanique sous laquelle vos pupilles peinent à accommoder. On avise un banc fixe, chevillé à la rambarde, qui vous hachure le paysage de petits barreaux fins et serrés comme les fanons d'une baleine. À moins que vous ne choisissiez de rester debout, à votre guise. Et on papote comme on peut avec ceux qui se trouvent là, en s'interrompant parfois pour scruter l'horizon trouble, tout au fond l'océan qui dans l'été transpire contre le ciel, où il laisse des halos.

Il paraît qu'il y a des requins, dans ces eaux-là, et qu'on voit parfois le triangle de leur nageoire dorsale fendre les flots, pointue, inquiétante et sombre dans le contre-jour. On porte des lunettes de soleil, qui cachent un peu les regards, mais qu'on peut remonter en serre-tête, si on accepte de se laisser voir. On tient son verre à la main, et on est là, sous ce soleil de juillet. Au pied de la villa, on entend les vagues qui battent le sable avec un genre de professionnalisme qui rappelle le geste de qui pétrit la pâte, en la tapotant inlassablement, comme ça, paf, paf, et encore un coup, voilà, et tiens, encore.

À propos, ça te dirait d'aller faire un tour sur la plage ?

Oui, bien sûr, mon amour.

On va se promener au bord de l'eau, et il y en a qui prétendent que maris et femmes alors se disent des choses qu'ils ne se sont jamais dites. Mais qu'est-ce qu'on en sait, au fond ? Ils avancent, main dans la main, dans les embruns, les rubans d'écume que le vent parfois soulève et laisse flotter dans l'air. Et les vagues persistent à brutaliser la plage, et la plage continue de se laisser faire, comme dans n'importe quelle journée au bord de la mer.

Et vous, ça vous dirait ? Allons-y, et on foule le sable en famille, sous ce grand ciel dans lequel on va bientôt s'enfoncer.

Ce n'est plus l'heure alors de ruminer les petites rancœurs et frustrations que vous laissent parfois votre place dans une fratrie, telle ou telle remarque que vous avez mal digérée, tel ou tel refus qui vous paraissait injuste. Pour la première fois peut-être, on n'est plus chacun avec ses désirs et ses préoccupations, chacun avec sa personnalité dont on craint parfois qu'elle ne se dissolve dans le groupe et qu'on éprouve alors le besoin de redessiner de manière tranchée en lançant l'air de rien deux ou trois phrases extrêmes, et souvent assassines, dommageables et pourtant nécessaires, parce qu'il vous faut bien affirmer votre singularité contre ceux qui vous ressemblent tant que cette ressemblance vous paraît quelquefois une menace confuse, une glu bizarre dont il vous faut vous extirper. On oublie les chamailleries, ce n'est pas le moment, et on profite de ce qu'on est là tous ensemble à respirer les effluves de l'océan. On se sent élu, même, car on sait que chacun des astronautes ne peut faire venir ici que quatre proches en tout, et que cela a impliqué des choix difficiles. Mais c'est vous, finalement, avec les trois autres, et on se serre les coudes, innervés par la même terreur et enveloppés par la même fierté. On se montre la vue, les beautés du paysage, et on sait, tout le monde sait que c'est peut-être la dernière fois qu'on foule le sol d'une plage ensemble. Personne n'y fait allusion, mais ça pèse sur les épaules de chacun, votre petite famille prise dans l'étau de la peur, forcément. C'est bien cette pensée-là qui vous travaille, et qui, en un sens, fédère le groupe. Tous les monologues convergent vers cette même idée, cette même question, ce même effroi, et il n'y a pas besoin de parler pour se comprendre. Rarement on aura eu une telle occasion de marcher tous ensemble avec la même pensée. Rarement on se sera senti dans un tel unisson.

Même le moment des retrouvailles (s'il a bien lieu) ne sera pas aussi harmonieux.

On y passe des moments solitaires, aussi, sur cette plage.

Quand on se tient là, tout seul, face au mouvement de l'océan, dont la peau onduleuse s'étend à perte de vue, devant cet horizon pur et vide, et ce ciel que votre navette s'apprête à forer, on se sent exactement au bord de quelque chose. Tout ce passé derrière soi devient comme une chose solide, presque palpable, toutes les raisons qui font qu'à la fin vous êtes ici, les pieds dans ce sable, toutes les étapes qui ont structuré votre vie, les décisions, les rencontres, tout ça se presse dans votre dos, d'une manière perceptible, et pousse doucement contre vos reins, contre vos omoplates. Devant vous se dessine la perspective du lancement imminent. Et, entre tout ce passé et ce futur très proche, vous éprouvez des sensations d'une intensité difficile à imaginer. Vous êtes debout, devant l'océan, et votre petit corps bien droit est comme une indentation sur la ligne du temps.

Mille pensées vous traversent, que vous essayez de calmer en vous récitant ce qu'on vous a inculqué, que vous allez entrer dans l'Histoire, avec cette ultime mission, que vous en faites déjà partie, là, debout devant la Beach House, sur cette plage que tant d'astronautes avant vous ont foulée. Mais la vérité, c'est que vous êtes un corps de chair, offert au vent. Un corps de chair bientôt tributaire du bon fonctionnement de la navette, puis abandonné aux lois bizarres de la microgravité, à mille milles de ceux que vous aimez.

Parce que seul aussi, bien sûr, on sait que c'est peut-être la dernière fois qu'on marche dans le sable blond et friable, qu'on se laisse éclabousser les chevilles par les vagues et cette mousse blanche qu'elles forment, ces menottes de la mer autour de vos pieds. On voudrait rassembler ses pensées encore, mais il y en a tant qui fusent à la fois qu'on en est comme sonné.

On essaye de se concentrer seulement sur l'instant, à sentir le sable sous ses pieds, et la morsure intermittente de l'écume.

On se fait un petit jogging sur la grève, si l'on veut. C'est bon, ça, pour s'ébrouer de ses pensées. On court dans l'odeur un peu salée, humide, d'iode mêlé à la fraîcheur des ciels, dont on s'emplit bronches et poumons, l'odeur d'une plage de l'Atlantique, sur la Terre.

On se penche, on examine un os de seiche, un bout de bois flotté, une coque de patelle, un morceau de nacre poli par la mer, on en ramasse un, on le lève dans la lumière, tout trempé et brillant, on a envie de le fourrer dans sa poche, sans même savoir pourquoi.

Juste ce geste-là, de ramasser. De choisir. De collecter. D'engranger des choses jolies et inutiles, qu'on oubliera sur la table basse de la Beach House.

Ou bien on a la chance de trouver une pierre suffisamment plate et on la lance, comme ça, dans un geste en même temps désinvolte et précis, on la lance et on la regarde faire ses ricochets, utiliser l'océan comme un trampoline, rebondir sur ses petites fesses de galet, pof pof pof, jusqu'au moment où non, ça ne rebondit plus, où ça s'engloutit seulement.

7

Cinq de trèfle, neuf de cœur, roi de pique, valet de carreau, hum, je me demande ce qu'on peut faire avec ça, et Rex n'a pas l'air de trop savoir non plus.

Peggy Whitson (une astronaute dont on reparlera), sourire protecteur, combinaison bleue, une coupe qui hésite entre la garçonne et le carré, distribue les cartes, des Bicycle à dos rouge et blanc, vous savez, faciles à manipuler grâce à leur finition *air-cushion*, un procédé qui permet à l'air de passer, si bien qu'elles glissent avec aisance entre vos doigts agiles. On a retiré les gants, c'est quand même plus pratique, et aux poignets des uns et des autres on voit dépasser du tissu potiron les manches bleues de la combinaison thermique. Tout ça est très bien, mais vous vous demandez ce que nos astronautes fabriquent, à jouer à un genre de poker, alors qu'on n'attend plus qu'eux.

C'est que dans ce monde ultra-technologique qui est le leur, se sont glissées, allez savoir comment, des pratiques superstitieuses, dont celle-ci.

De petites superstitions personnelles et cachées, on aurait compris, des paris idiots, comme d'arriver au bout du trottoir avant que le feu ne vire au vert pour se garantir follement que tout ira bien sur la mission ; des comportements secrets, difficilement justifiables et vaguement honteux, et qu'on évite soigneusement de marcher sous un échafaudage dans les semaines qui précèdent le lancement, voilà qui aurait semblé bien excusable, même pour des esprits d'ordinaire aussi épris de rationalité (de vous à moi, il est de toute façon toujours plus prudent de ne pas s'aventurer sous leur plateau : j'ai rencontré il y a longtemps quelqu'un qui, juste avant un concours, avisant un échafaudage, voulut faire la forte tête (les superstitions, il ne mangeait pas de ce pain-là) et s'engagea bravement dessous, fanfaron et content. Sauf que je ne sais plus quoi tomba alors de l'une des planches et lui laissa pour plusieurs jours au front une bosse douloureuse avec laquelle il dut passer ses oraux).

Mais il y en a aussi de tout à fait institutionnelles, même si elles ne sont généralement pas connues de gens comme nous. Sandra, Fergie, Doug et Rex, au sortir de la salle d'habillage, se livrent donc au débotté à quelques parties de poker, et l'idée, plutôt jolie, est que le commandant doit laisser ici sa mauvaise chance, plutôt que de l'emporter avec lui. Les parties se succèdent jusqu'à ce qu'il perde, abandonnant alors sa mouise derrière lui, sur ce coin de table, avec ces cartes maudites qui l'auront fait échouer, sortant de là débarrassé des sorts contraires, tout plein désormais d'ondes positives qui l'aideront à emmener son petit monde à bon port.

Pas question de refuser sous le prétexte que vous ne seriez pas d'humeur à jouer : tout l'équipage doit s'y soumettre, et vous ne sortirez pas du bâtiment avant que Fergie ne se prenne une raclée.

N'allez tout de même pas imaginer le décor cosy d'un saloon, papier peint damassé, une table ronde en merisier et de ces fauteuils (du chêne massif ou du hêtre ciré) montés sur leur système de vis centrale, vous savez, pivotant et basculant, aux accoudoirs en bois courbé (on les appelle américains), ni de ces chaises de western sur les pieds arrière desquelles on se balancerait à la limite du déséquilibre, ostentatoire et négligent, pour intimider l'adversaire. On se tient debout autour d'une haute table rectangle au revêtement blanc, voyons, voyons, on classe ses cartes, on avance. Allons, Fergie, accepte cette petite vexation, afin que tout, ensuite, aille comme sur des roulettes. Au bout de quelques tours, Fergie finit par perdre, et c'est tant mieux. Voilà qui les libère tous les quatre.

Les choses avancent comme il faut, on va pouvoir se rendre sur le pas de tir.

On marche vers l'ascenseur, des employés sont là sur le palier qui vous saluent (les mêmes qui une seconde plus tard, dans un mouvement joyeux, facétieux et infantile, échangent un regard entre eux et hop dévalent l'escalier, pendant que la cage gris métallisé vous amène au rez-de-chaussée, afin d'arriver juste avant vous et de vous sourire une dernière fois depuis le hall). Vous sortez à l'air libre, et c'est comme une mâchoire d'ogre, cette grande ouverture carrée du bâtiment du Quartier d'équipage qui vous libère de ses entrailles. Il est 7 h 36. Dehors, parqués derrière les barrières de sécurité, des photographes, leur accréditation autour du cou, vous attendaient, les uns travaillant sur trépied, les autres laissant leurs vertèbres cervicales porter l'appareil au bout de sa courroie, que, vite, ils remontent à hauteur de leurs yeux pour appuyer sur le déclencheur.

Je reprends quelques secondes en arrière.
Et en contrechamp.

Ils jaillissent du bâtiment, les quatre de la mission finale (le carré sombre de l'entrée les crache comme une bouche), deux par deux, Doug et Fergie devant, Sandra et Rex en seconde ligne, attention, bien du même pas, pour ne pas marcher sur les talons de ceux du premier rang, et avoir le temps de sourire et de saluer. L'allure est vive, pourtant, et ce pas est à la fois d'un militaire et presque d'un danseur, quelque chose de résolu, de dynamique et de déjà un peu aérien, même si la combinaison, pesante, et qui descend assez bas dans l'entrejambe, entrave un peu leur démarche.

C'est un moment en mode majeur, rythmé et gentiment festif, et pour un peu on imaginerait une fanfare emphatique et bon enfant, des sons de trompettes, de cors et de cymbales qui véhiculeraient, à travers les notes simples qu'ils feraient claquer, une certaine idée du grandiose. Mais ce qu'on entend, en vérité, les bruits du monde, le son réel d'une petite aire de parking, avec le bruissement des grappes de gens, où saille parfois un cri d'encouragement, et le rebond doux de leurs semelles sur le béton. Et le claquement des mains de Fergie, qui, regardez, tout en avançant, applaudit brièvement l'assistance, deux claques dans les paumes, comme ça, énergiques, enlevées.

Ils l'ont répétée, cette sortie, comme le reste – c'était juin, il faisait beau, ce jour-là, la lumière égayait leur visage, et de savoir que tout ça n'était qu'une répétition, que le soir même ils mangeraient sur Terre, le corps bien rivé au sol, leur donnait un aspect plus sincèrement détendu qu'aujourd'hui. Mais ils font avec le ciel gris et l'absolue vérité du risque, et ils sourient, comme on le leur a appris, ils saluent avec enthousiasme, actionnent scrupuleusement leurs zygomatiques, agitent leur paume droite dans l'air, et s'arrêtent pour poser devant l'Astrovan, ce minibus gris métallisé à l'effigie de la Nasa (vingt-huit pieds de long, neuf de large, moteur Chevrolet huit cylindres, châssis Chevy P-30, s'il vous plaît) qui doit les conduire sur l'aire de lancement. Sandra pointe une direction, ils y dirigent leurs regards, rigolent, font des signes encore.

Dans un polo rayé aux couleurs du drapeau et barré d'un aigle américain, talkie-walkie rangé dans la poche arrière de son jean, bien campé sur ses deux jambes, qu'il a légèrement écartées, les pouces dans les poches avant, l'homme qui est affecté à l'ouverture et à la fermeture de la porte du van les regarde, et on ne sait pas ce qu'il pense. Il ne manifeste rien, ni admiration, ni empathie, ni envie, ses traits sont lisses, au contraire d'eux qui ne cessent de sourire, sa présence neutre jure avec leur effervescence, et c'est comme s'il s'effaçait, comme s'il considérait que ce n'était pas son moment à lui, non, et qu'il se tenait ainsi dans une ombre imaginaire.

Peut-être se sent-il exclu de leur connivence. Peut-être les désapprouve-t-il de paraître si joyeux un jour où ils s'apprêtent à courir un si grand risque ? Il attend que ce petit cirque se termine comme s'il était dans les coulisses, absenté de la scène. C'est un temps mort pour lui, un temps qui ne le concerne pas. Cette idée-là paraît le constituer, pas même celle de faire correctement son travail, mais l'idée qu'il est minime. Et c'est comme s'il était tout entier occupé à se gommer de l'image. Les caméras captent sa silhouette en arrière-plan, mais il sait qu'il n'est pas la vedette, et il reste en retrait, travaillant à se rendre invisible.

Puis, quand le moment lui paraît bon, comme un genre de régisseur alors, il ouvre la porte du van, dans lequel ils montent à la queue leu leu, Fergie, Doug, Sandra, puis Rex, aussitôt suivis de quelques autres. Voici Peggy, celle qui distribuait les cartes, ainsi que l'astronaute Janet Kavandi (cheveux longs auburn, frange, yeux clairs, un faux air de Diane Keaton, et trois vols de navette à son actif) et qui donc, là, je sèche (Mike Fincke ? Peut-être), puis un brun moustachu, en combinaison blanche, qui porte le n° 7 : il s'agit de Ray Cuevas, qui les aidera tout à l'heure à s'équiper à l'entrée de la navette. S'intercale un homme en combinaison bleue (Jerry Ross ? Je n'en mettrais pas ma main au feu), allez-y, je vous en prie, et enfin, l'avant-dernier à s'embarquer, James Branson, de l'United Space Alliance, en costume cravate, qui brandit devant lui une caméra vidéo. Pour clore immédiatement le cortège, une femme policier au corps large, qui peine un peu à s'engouffrer dans le véhicule.

Le préposé les laisse entrer un à un, puis ferme derrière eux, d'un coup sec. On ne voit plus que lui, à présent, qu'il le veuille ou non, devant le van, dans ce décor de métal et de béton, et sous l'œil des caméras il longe, pressé, pataud, avec son badge qui ballotte contre son ventre, les huit mètres et demi du minibus puis les quelques mètres qui le séparent encore du bâtiment, un parcours trop long pour lui, on dirait. Sa foulée est large et maladroite, et sa timidité l'empêche de jouir tout à fait de ce petit moment de gloire, où le voici filmé, unique silhouette, héros provisoire, seul dans le cadre, protagoniste tout neuf, et éphémère.

8

À l'intérieur du minibus, dans le sens de la longueur, deux banquettes bleu électrique se font face. On s'installe, Fergie à la droite de Doug, tandis que Rex s'assied à la gauche de Sandra. Derrière eux, des panneaux de bois et des rideaux crème qui, dans l'éclairage artificiel, virent à l'or chaud. Leur drapé élégant, qui tombe de chaque côté des fenêtres, tranche avec la sobriété du reste, et cohabite étrangement avec les stores vénitiens qui recouvrent les vitres.

On plaisante, on essaye deux trois jeux de mots, pour détendre l'atmosphère. L'Astrovan démarre, précédé d'une voiture de police, et suivi d'un camion militaire kaki, d'un blindé blanc, d'une autre voiture de police, tandis qu'un hélicoptère de surveillance fait tourner ses pales au-dessus de ce petit cortège.

Par la porte ouverte de l'appareil, son fusil d'assaut, un M16, en bandoulière, dont il appuie la crosse sur son épaule, canon pointé vers le sol et doigt ganté sur la détente, un militaire en lunettes noires, assis à même le plancher de la cabine, laisse pendre ses jambes au-dehors, petit bonhomme raide comme un Playmobil.

Ce type-là s'appelle Warren Hinson.

Le chauffeur du minibus, dans sa combinaison blanche, c'est Hiawata Brown. Et Hiawata, une main sur le volant, l'autre posée sur son genou, placidement installé devant son tableau de bord en ronce de noyer (joliment désuet, avec ses indicateurs mécaniques dont les aiguilles physiques rouges ou blanches oscillent sur des cadrans gradués), les emmène vers le pas de tir 39-A sous le ciel lourd.

L'herbe est si verte, de part et d'autre de la route, et les palmiers ont l'air de hérons mouillés.

Ici ou là, le long du chemin, des gens se sont amassés qui hurlent à leur passage. Ils sont plus nombreux que d'habitude, note Fergie. Ça le réconforte, dans une certaine mesure, qu'ils se soient déplacés pour cette dernière fois. Sandra écarte deux lamelles du store, pour mieux voir, et James Bronson, qui est assis à sa droite, en profite pour placer, dans l'ouverture qu'elle ménage, l'objectif de sa caméra vidéo, pile poil dans l'axe, et filmer l'attroupement. Puis Sandra glisse sa main entière entre les lames, et elle salue, comme ça, elle offre sa paume derrière la vitre, elle fait des petits signes à la foule, sans doute mal visibles depuis l'extérieur, à travers le verre teinté.

Doug jette un regard inquiet vers le ciel gros.

Le frère de Sandra roule aussi de son côté vers Banana Creek, où des gradins ont été disposés pour accueillir parents, frères et sœurs, cousins, qui souhaitent suivre l'événement. Il y a beaucoup de monde sur la route, ça bouchonne, le car se traîne, à se demander s'il arrivera à temps. Il vient de répondre à une interview, et il a évoqué ces embouteillages, la circulation préoccupante. Il accepte aussi d'être filmé, quand on le lui propose, et des millions de téléspectateurs ont pu le voir assis à une table de pique-nique entre sa femme et ses deux garçons, lui, Eric (parce que le frère de Sandra s'appelle Eric, tiens, comme mon propre frère), dans son polo grenadine, un grain de beauté à droite au-dessus de sa bouche d'où sortaient des phrases sur leurs souvenirs d'enfance communs. Des souvenirs qui doivent affluer, tandis que les paysages mouillés défilent plus lentement qu'il ne le voudrait derrière la vitre.

Leur mère également est dans le car. Elle aussi veut bien répondre aux interviews (internet est plein de documents qui conservent la mémoire de sa voix joyeuse), mais c'est pour esquiver, le plus souvent. Les journalistes vont la chercher sur le terrain de l'angoisse, ils veulent fouiller son cœur de mère, mais elle, elle répond par des rires ; et dans ces rires-là, sans doute, on entend tout.

Et je repense à cette histoire, l'histoire de la mère de Valentina. Valentina Tereshkova avait été la première femme soviétique à aller dans l'espace, moins d'un an après Gagarine. Un accident aurait été si traumatisant pour les esprits qu'on avait préféré garder cette mission secrète jusqu'à son dénouement. Y compris de la famille de Valentina. Sa maman la savait ouvrière à l'usine de textile, et elle n'ignorait pas que sa fille, pendant ses temps libres, adorait faire du saut en parachute. C'était à ça, je crois, qu'elle la pensait occupée, quand sa voisine est venue frapper à sa porte. Tu sais quoi, a dû dire la voisine, peinant à trouver les mots pour formuler l'énormité qu'elle s'apprêtait à lui révéler, tu sais quoi, ta fille est dans l'espace, je viens d'entendre ça à la radio. La mère de Valentina lui a répondu que ce n'était pas possible, qu'elle savait très bien où était sa fille, et puis elle a dû se rendre à cette évidence impensable. Sa fille, la même qu'elle avait nourrie et langée, coincée entre les parois de son Soyouz, à tournoyer là-haut.

Sur la route vers Banana Creek, les voitures sont à touche-touche. Deux trois gouttes s'en viennent parfois tacheter le pare-brise, trop éparses encore pour qu'on déclenche les essuie-glaces. Elles forment de petites bulles contre la vitre, quelques-unes, juste assez pour introduire je ne sais quelle tonalité mélancolique dans ce moment de conduite matinale. Le ciel est mêlé, rythmé par les poteaux électriques, la deux-voies fend le paysage vert et plat, engorgée, vous forçant à rouler tout doucement, comme dans un rêve.

9

Partout, sur la côte, le long des lagons, ils se sont rassemblés pour voir décoller la navette.

Ils sont arrivés dans la nuit, pour certains, ou à l'aube, et ils se tiennent les pieds dans l'herbe. Le jour est bien levé, le ciel maussade, le sol gorgé d'eau. Des oiseaux traînent. Parfois, un rapace s'élève d'un bosquet.

À Cocoa Beach, à Cap Canaveral, à Titusville, et même d'Orlando il paraît qu'on peut avoir une très bonne vue sur le lancement.

Prenez le pont de Titusville. Tout récemment reconstruit, inauguré en février dernier par une cérémonie lors de laquelle on a coupé le ruban, clac, d'un bon coup de ciseaux, comme cela se fait, le Max Brewer Bridge, géométrique, en béton, massif et blanc, interdit aux voitures pendant les lancements, accueille une cohue polychrome qui se presse dans le désordre naturel des foules et forme comme un grand corps élastique et instable, que les mouvements désordonnés, les allées et venues à l'intérieur du groupe pourtant compact, distendent et concentrent alternativement dans une circulation imprévisible des couleurs : et ce sont des touches de grenat, de bleu Klein ou de céladon des K-Way, le jaune pissenlit de cirés, parfois.

Beaucoup sont massés juste à côté, dans le Space View Park de Titusville, à vingt-cinq kilomètres environ du pas de tir. Ils ont garé leur voiture sur le parking de Broad Street, ou le long de l'Indian River Avenue, et ils ont traversé les allées du parc, ponctuées de monuments à la gloire de l'épopée spatiale. Ils ont contourné des sculptures en hommage au projet Mercury, à Gemini, à Apollo, jeté un œil rapide aux empreintes de mains d'astronautes, pour aller se grouper les uns sur les jetées de bois nu, les autres sur les dalles rouges et grises des quais rythmés par les palmiers immenses et maigrelets.

En attendant qu'il se passe quelque chose, ceux du pont s'occupent à compter les dauphins qu'ils parviennent à apercevoir au-dessous d'eux, gentilles bêtes (ah, leur peau toute douce, et cette façon dont ils ont toujours l'air de sourire, leurs petits yeux écartés et malins, pour toujours leur regard d'Oum ou de Flipper), décelables à leur aileron dorsal, voire à cet évent unique qu'ils portent au sommet du crâne et qu'ils s'en viennent ouvrir à l'air libre pour y faire entrer une bonne bouffée d'oxygène – tiens, encore un, là-bas, bosse grise, trouée, qui dépasse du flot. Et si on a de la chance, on en voit un, bon enfant, idyllique, gracieux, vous faire un bond hors de l'eau. Des lamantins croisent aussi, fusiformes et potelés, solitaires et nomades, qui parfois sortent leur museau et vous présentent alors leurs deux narines avides.

À Port Canaveral, certains se sont franchement groupés sur des yachts, ou d'autres sur des voiliers, et ils attendent de voir ça depuis le milieu du bassin, debout sur leurs embarcations. Canards migrateurs, mouettes, cormorans, hirondelles de mer, s'en viennent ici ou là griffer le ciel (un faucon, cela arrive, une colombe, aussi bien).

Et partout encore des guirlandes de spectateurs, postés sur les rives scandées de petits groupes de palmiers sveltes. Leurs stipes, bardés de cicatrices, s'élèvent à des hauteurs considérables, et tout là-haut leurs couronnes de feuilles pennées dodelinent gentiment dans la moiteur des lagons.

Le ciel épais s'étend largement au-dessus de l'eau grise, où une grosse truite de mer entreprend parfois de faire quelques bonds pour divertir la foule. C'est que ça vous fait vite plus d'un mètre de long, ces bêtes-là, qui vous affichent alors, dans un froufrou d'écume, l'arc de leur corps énergique. Un corps gris argent comme l'eau dont elles sortent puis dans laquelle elles replongent (dans le mouvement, on n'a pas le temps d'apercevoir leurs petites taches noires – pas plus, et c'est tant mieux, que leurs canines de vampire), et dans la lumière fade de ce matin pâle elles profitent de cette coïncidence, évoluant ainsi dans une étrange continuité des teintes, comme si elles étaient des émanations du lagon. Il y en a un ou deux alors pour s'approcher et tenter d'en prendre une en photo, c'est bon, je crois que je l'ai eue.

D'autres ont préféré acheter leur place et s'installer sur la Nasa Causeway, un bras de terre tout fin qui traverse à cet endroit la Banana River. On y bénéficie de la voix de George Diller, retransmise en direct, et qui commente les étapes du lancement.

Quelques dais ont été plantés, afin qu'on puisse s'y réfugier s'il pleut, ainsi, ici ou là, que des toilettes de chantier, montées pour l'occasion, aveugles et trapues dans leurs parois de plastique sombre.

Certains sont assis dans des fauteuils de camping, d'autres sur des chaises pliantes plus sommaires, certains encore sur des couvertures qu'ils ont déployées sur l'herbe – et parmi eux quelques-uns se sont allongés pour piquer un petit roupillon sous le ciel gris.

Les cars sont garés tout le long et forment comme une muraille, un genre de coupe-vent, unilatéral et insuffisant, sur cette langue de terre étroite et comme prise en étau, offerte de part et d'autre à la brise de la rivière.

Ici comme ailleurs, les conversations se mêlent, se croisent, se fondent en une seule rumeur, les exclamations, les gloussements, l'hilarité, toute cette bande-son particulière des jours de lancement. On est en famille ou avec des amis, on plaisante, on grignote, que voulez-vous qu'on fasse, mais on ne peut pas dire qu'il y ait là une atmosphère de pique-nique ordinaire, non, à cause de ces vibratos excessifs dans les rires, de cette excitation qui circule, de quelque chose, dans les voix, qui va plus volontiers vers les aigus.

Il faut faire avec la tension, mais avec l'inaction aussi, et ce n'est pas si facile, d'attendre des heures, planté dans l'herbe, ou même vautré dans un siège de toile. On ouvre la fermeture éclair des glacières, on se passe un sandwich, dont on écarte précautionneusement l'extrémité des tranches pour en examiner la garniture, on commente. Le vent au sol agite les anses des sacs en plastique posés là, et parfois, entre deux phrases, on peut entendre le petit froissement que ça fait, tout léger comme ça, dans l'air, quand ce n'est pas la voix sporadique qui sort des haut-parleurs et vous tient au courant de l'avancée des choses.

Les journalistes, eux, sont installés sur la pelouse du *Media Center Viewing Site*, à cinq kilomètres environ du pas de tir, au sud du bâtiment d'assemblage, et ce sont là des centaines de trépieds qui supportent caméras et appareils photo.

Le décor ? Un mât au bout duquel flotte le drapeau américain, chapeautant un drapeau plus petit, celui de la Nasa, si mes yeux ne me trahissent pas. Une immense horloge à cristaux liquides, rectangulaire, posée au sol, au bord de l'eau, marque le compte à rebours.

Quelques flaques, dispersées, dessinent des miroirs ovales, où vient se reproduire le ciel lisse, couleur d'étain. Quelquefois, y passe un reflet coloré, pâle (du vert, du bleu) ou vif (un rouge, saillant alors), le fragment du vêtement de quelqu'un qui marche par là, le K-Way d'un photographe qui s'occupe de remonter son trépied à proximité.

Tous, ici, sont dans la gestion contradictoire de l'affairement et de l'attente. La mine intense, le corps toujours en mouvement, ils passent des coups de fils avec leur portable, font quelques pas, se saluent, et considèrent le site d'un œil tour à tour aigu et absent, faisant défiler en eux toutes sortes de monologues professionnels tendus vers l'article à écrire ou vers les photos à prendre. Et on vérifie la propreté de son objectif, ou on règle la cellule, en mode manuel. Il faudra tenir compte du contre-jour, mais la lumière risque de changer encore.

Le ciel est toujours gris, incertain, avec cette brise qui souffle, et on essaye de prendre la mesure des choses, entre excitation et désœuvrement. On meuble le temps comme on peut, on se déplace, on continue de piétiner l'herbe, copieusement, on manque d'écrabouiller malgré soi toutes sortes de créatures minuscules qui faisaient là leurs affaires, forcément ignorantes de l'importance de l'événement, et qui se trouvent gênées dans leurs tâches (nos insectes, à maugréer par-devers eux, si ça se trouve, tout ce monde, quelle barbe, se disent-ils (les insectes ont parfois un vocabulaire désuet), colériques et fâchés, grognons et inquiets, avec ce petit air méchant et borné que la plupart d'entre eux arborent de toute façon, toujours prompts à nous piquer – j'espère, à propos, dans ces contrées, que vous avez songé au répulsif anti-moustiques).

Et, comme s'ils participaient à ce frémissement général, les deux drapeaux ondulent, claquent, s'agitent, tressautent, faseyent, tremblotent, ils font leur travail de drapeaux, mobiles contre le ciel, souples comme des poissons.

Hier, pour recevoir nos journalistes, des conférences ont été organisées sous le barnum, et on a pu entendre, par exemple, Robert Crippen, zoomons sur lui, qui ce matin aussi attend le lancement, regardez-le, ses cheveux gris soigneusement passés au peigne, bien plaqués contre son crâne, et vêtu d'un polo sombre.

Robert Crippen, je ne sais pas si ce nom vous dit quelque chose, est le premier à avoir piloté une navette. À l'époque, il s'agissait de Columbia, et on était en 1981. À côté de lui, dans le cockpit, il y avait John Young, et Robert était trop fier de partir avec un homme qui avait foulé le sol de la Lune. Car Young avait été le neuvième homme à marcher sur l'astre sélénite. Il en avait plusieurs fois arpenté le relief poussiéreux, il avait traversé les monts Descartes (de hauts plateaux en comparaison des plaines basaltiques, généralement appelées mers lunaires, parmi lesquelles la mer de Tranquillité et la mer des Pluies, qui avaient déjà été largement explorées). Il y roulait en Rover, un tout-terrain biplace, dont les deux sièges étaient pliables, et qui avançait au moyen de batteries électriques, non rechargeables, hélas. Châssis en aluminium, amortisseurs hydrauliques à huile, pas de carénage. Le tableau de bord était assez sophistiqué pour l'époque, avec un système de navigation, mais pour le reste le véhicule se conduisait avec un manche. Et ses deux caméras, et surtout ses deux antennes, dont l'une empruntait une forme de parapluie, donnaient à l'ensemble une apparence loufoque, un côté bricolé, une petite tonalité *Les Fous du volant*, si je puis me permettre.

On se hissait comme on pouvait sur son siège, en sautant (mais avec le scaphandre, on n'était pas d'une grande dextérité), et on attachait sa ceinture. Et nous voilà partis, pas trop vite, quoi, du 14 km/h, avec, de temps à autre, allez, une pointe à 17, jamais plus, afin d'avoir le temps d'éviter les cratères minuscules en travers du chemin.

Une fois qu'ils avaient servi, les Rovers n'étaient pas ramenés sur Terre. On les garait dans un coin, comme ça, et figurez-vous qu'ils sont toujours là-haut, à attendre d'improbables conducteurs qui sauraient recharger leurs batteries. Ça doit être un sacré spectacle, ces Rovers abandonnés dans le sol tout gris, seuls dans ce désert. Et je me dis que c'est une vision qui doit donner encore plus de sens au mot d'Aldrin, quand il avait découvert le paysage lunaire, inerte et vide autour de lui, ce mot de « désolation magnifique » qu'il avait prononcé en posant une première botte, puis une seconde, peinant à se décider à lâcher l'échelle, puis – mais vous auriez dû m'arrêter, ne perdons pas de vue notre Robert Crippen, le même qui était si heureux de partir dans l'espace avec un homme qui avait conduit un Rover sur la Lune.

Robert (appelons-le Bob) habite désormais pas loin d'ici, en Floride, mais il se rend souvent à Houston, Texas, pour voir ses enfants (sa fille travaille au centre spatial), et il en profite généralement pour faire un crochet par chez John Young, qui vit là-bas avec sa femme Susie, et dont il est resté proche.

Ce matin, c'est un peu sa fête à lui aussi, Bob Crippen, parce qu'en mettant un point final à cette épopée, cet ultime lancement rappelle qu'il en a été le premier héros ; et un peu, mon neveu, qu'il est là, il n'aurait raté ça pour rien au monde.

Chacun a ses raisons de souhaiter, sous le ciel gourd, que la navette s'élève une dernière fois, et on patiente, en laissant affluer mille sentiments contradictoires.

Parfois une mouette ironique, aussi blanche que la navette immobile et verticale qui attend dans le fond, meut souplement ses ailes, parallèle aux flots, survolant les vaguelettes du courant avec une aisance toute physiologique.

10

L'Astrovan, qui s'est d'abord arrêté pour laisser descendre une partie de ses passagers (Janet et son acolyte, et sans doute James Branson, que je ne vois pas non plus, ainsi que notre Peggy Whitson, qui a dû s'éclipser aussi), arrive devant le pas de tir. Il est 7 h 54.

On sort à l'air libre sur l'esplanade, tachée de flaques. Il y a un genre de brise, ce souffle mouillé et fiévreux des matins de Floride, sur l'indéfini des terres plates et mêlées d'eau ; et sous les pieds de nos quatre astronautes, ce ne sont que dalles et vieilles armatures rouillées. Tout est vaste, désert et nu autour d'eux, les brins d'herbe s'agitent en un frémissement intense, auquel on est en droit de trouver quelque chose de vaguement enthousiasmant. Si je pouvais glisser ici une petite musique pour illustrer ce qui se passe dans le cœur de nos personnages, ce serait quelque chose de tout bonnement lyrique, qui traduirait la manière dont cette nature disponible et palpitante entre dans un doux écho avec les sentiments délicatement euphoriques qui les innervent à cette heure, une mélodie jouée avec allant, une succession de mesures *allegretto* et presque gambadantes, et puis de temps en temps comme un violon qui vous introduirait là des sentiments plus ambigus et vous traverserait tout ça d'un secret tourment que contredirait pourtant l'alacrité des cuivres et le doigté sautillant d'une partie au piano. Le sol résiste agréablement sous leurs semelles, et on se sent nécessaires et vivants.

On ne monte pas tout de suite, non, on reste un peu comme ça, quelques minutes, à humer le vent léger de ce dernier matin sur Terre. Les bronchioles se remplissent, les bronches, les poumons, et cette atmosphère toute moite a quelque chose de presque tactile, elle vient leur masser le visage, se promène sur ce qu'il leur reste de peau offerte au contact du dehors.

On se tient au pied de la navette immense, plantée dans les paysages, on la regarde d'en bas, on l'admire, on la jauge.

Regardez-moi ça. L'orbiteur paraît comme aimanté au gros réservoir couleur abricot mûr. Ce dernier vient de Lousiane, d'où il a été acheminé jusqu'ici par voie d'eau, à travers le golfe du Mexique – six jours de traversée dans les vagues, et le bruit des mouettes, et le ballet des pélicans bruns. Les deux boosters, ou propulseurs d'appoint, bourrés quant à eux de carburant solide (du propergol, exactement), ont été fabriqués dans l'Utah, à des milliers de kilomètres de là. Assemblée dans le VAB, le plus gros bâtiment du centre (vous ne pouvez pas vous tromper), la navette a été conduite jusqu'à notre pas de tir en crawler, une plate-forme qui se déplace sur quatre énormes trains de chenilles (et à laquelle on accède par des escaliers qui se relèvent, un peu comme sur les navires). L'équipe a d'abord pris la pose devant une grande banderole, sur laquelle on pouvait lire *We are behind you, Atlantis*, et il y avait du vent, peut-être, mais c'était surtout dans le mouvement de la tenir à plusieurs, je crois, que la banderole, pincée par les uns et les autres, gondolait un peu. Puis, bien stabilisé, rassurons-nous, par son système de vérins hydrauliques, le crawler a emprunté la piste caillouteuse pendant cinq heures, pour accomplir moins de cinq kilomètres, et il y avait comme de la solennité à cette lenteur.

À présent, est-ce que cette navette ne vous a pas un air de divinité mystérieuse, de totem fougueux, qui ne demande qu'à s'élever sous vos yeux ?

Tant qu'on y est, on la filme. Fergie la cadre en contre-plongée, voilà, le corps un peu arc-bouté vers l'arrière, c'est ça. Puis il passe la caméra à Rex, qui veut garder des souvenirs du groupe et leur demande de poser tous les trois. Qu'à cela ne tienne, bras dessus, bras dessous, celui de Doug sur la taille de Sandra, et itou pour celui de Sandra sur les reins de

Doug, et quant à Fergie, la main sur l'épaule de Sandra, on est bon ? Et ils sourient à Rex, pendant que la femme policière, toujours présente, silhouette sombre et ronde, demeure un peu en retrait de la scène.

L'homme à la combinaison bleue (Jerry Ross, si c'est bien lui) prend des images de son côté, d'abord discrètement, de plus loin, puis en s'approchant du groupe (pour sa part, il travaille au flash). Il nous laisse au pied de l'ascenseur.

Ray (le moustachu en combinaison blanche, vous savez bien) nous rejoint. Montons jusqu'au niveau 195. Cent quatre-vingt-quinze pieds, soit une hauteur de près de soixante mètres, ben mon vieux, sur laquelle la porte de l'ascenseur s'ouvre. Le sol de la plate-forme est grillagé, et on emprunte le tracé jaune d'une façon de couloir (on appelle ça la *Yellow Brick Road*), à contresens de grosses flèches noires peintes en chevrons qui vous indiquent la direction de la sortie en cas d'évacuation.

Un homme vêtu également d'une combinaison blanche, frappée quant à elle du n° 5 (Chris Meinert, à votre service, lunettes, cheveux blancs, moustache au poil tout court, de celles qu'on appelle volontiers américaines), vient les accueillir.

Puis on attend devant la passerelle qui vous relie à la navette pour entrer un à un dans l'espace intermédiaire d'un sas blanc, nommé *White Room*, où on va terminer de vous équiper. Tous ces hommes en combinaison blanche, Ray, Chris et les autres, constituent ce qu'on appelle le *Close-out Crew*, l'équipage qui aide les astronautes à s'installer dans la navette avant d'en fermer l'écoutille, et leur chef, c'est Travis Thompson, le moustachu à lunettes très affairé que vous voyez là-bas (grosse, la moustache, type fer à cheval), et qui porte naturellement le n° 1.

Fergie s'y colle en premier, commandant oblige. Il enfile les chaussures, puis cette espèce de kit dorsal qui contient le parachute et dont le n° 4, un certain René Arriens (le sourcil broussailleux, je dirais, comme marque de fabrique), l'aide à passer les bretelles. Le n° 6 (qui répond au prénom de Jack) vient mettre son grain de sel, par-dessus son épaule droite. Fergie se tortille un peu pour déplacer le poids du sac vers la position la moins inconfortable pour son dos, et en ferme l'attache pectorale, tandis que le n° 7 (notre Ray, donc) vient examiner l'affaire. De temps à autre, Ray esquisse un geste à la Bogart, vous savez, dans *Casablanca*, passant l'ongle de son pouce sur sa lèvre inférieure, dans une posture de réflexion.

La collerette, Fergie la remonte un peu, mais il vaut mieux la rentrer, et le n° 7 (toujours Ray) s'en charge. Ils sont donc trois autour de notre commandant, et chacun y va de sa petite contribution, serrant quelque chose, vérifiant une bidouille qui a son importance. Puis Fergie met cette sorte de capuche noire qui contient le set micro et que les Américains appellent parfois *Snoopy Cap* ; et il se faufile à quatre pattes, comment faire autrement, dans le cockpit, sous l'œil attentif de Ray, pendant que Doug, c'est son tour, vient d'entrer dans la *White Room* et termine de s'équiper.

À l'intérieur du cockpit, ce sont Drew (que vous voyez sous le n° 3) et Randy (qui affiche le n° 2) qui vont aider chacun à se positionner dans le siège puis à se sangler. Randy Bresnik est astronaute, car il y en a toujours un, d'astronaute, pour participer à l'installation dans le cockpit. C'est la première fois qu'il remplit cette fonction, tandis que Drew, lui, fait ça depuis longtemps. Allez, Randy, ça va bien se passer. Il accompagne Fergie dans son mouvement et lui pose une paume sur le crâne pour éviter qu'il ne se cogne, voilà. Fergie se tortille, Drew interpose sa main sur le dossier rouge du fauteuil pendant qu'il s'y glisse, on s'assied du mieux qu'on peut. Et Fergie lève les mains et les garde sagement en l'air pendant que les deux autres s'occupent de fixer ses sangles, deux par-dessus les épaules, deux de part et d'autre de l'abdomen, et qu'est-ce que j'oublie. Une entre les jambes, et toutes se rejoignent sur l'attache centrale, bien joué.

Doug n'a pas encore fini de mettre son *Snoopy Cap* que Sandra surgit dans la *White Room*. Voici, Sandra, ton harnais à parachute, tandis que Drew et Randy s'occupent à présent d'installer Doug dans le cockpit.

Sur la mission STS-107, celle sur laquelle la navette Columbia s'est désintégrée à sa rentrée dans l'atmosphère, c'était lui, Doug, qui était l'astronaute d'astreinte, et qui a sanglé les membres de l'équipage dans leurs sièges. Il aura été, avec tous ceux du *Close-out Crew*, le dernier à les voir sur Terre. Y pense-t-il, pendant que Drew et Randy se penchent au-dessus de lui et enclenchent les fixations de ses sangles ? Est-ce que s'intercale entre eux et lui le souvenir de ses propres gestes, quand il était courbé au-dessus du corps des membres de l'équipage de Columbia et finissait de les attacher ? Je n'ai aucun moyen de le savoir. Mais comment est-ce que cette idée ne viendrait pas se cogner à son front, cette pensée familière hélas, et reconnaissable, parmi le cortège de toutes celles qui se présentent à lui et se pressent pour lui faire signe, tandis qu'il demeure les mains en l'air, comme tout à l'heure Fergie, passif, soumis, en attendant qu'elle s'éloigne un peu, cette triste pensée, qu'elle laisse le champ libre à celles, matérielles, pragmatiques, qui ont plutôt à voir avec la perspective du lancement proche, laquelle devient plus concrète encore de ce que c'est désormais le décor du cockpit autour de lui.

On installe ensuite Sandra derrière Doug, pendant que Rex, le dernier arrivé dans la *White Room*, y complète son équipement et, regardez, juste avant d'entrer dans la navette, fluit, il arrache, mais si, d'un geste brusque, vif, précis, urgent, et pour nous inattendu et troublant, la bande patronymique de Chris puis celle de Ray pour les fourrer subrepticement dans la poche latérale du pantalon de sa combinaison. C'est un secret de Polichinelle, une interdiction dont la transgression est quasi officielle : les astronautes proposent aux techniciens d'emmener pour eux un petit objet (une montre, par exemple, souvent c'est une montre), afin qu'en le récupérant à leur retour ces derniers puissent se dire avec attendrissement que cette chose qui leur appartient a été dans l'espace. Manifestement, pour Chris et Ray, ce sera leur nom brodé sur le velcro.

Nos quatre astronautes sont en position, et on vérifie les micros et les écouteurs. Est-ce que la communication passe bien avec le Kennedy Space Center ? Affirmatif. Et avec la Mission de contrôle basée à Houston, qui prendra le relais juste après le lancement ? Ça a l'air de fonctionner. On a mis les casques, et on essaye visière fermée. Impeccable.

Tant mieux, tant mieux, et tout ce qui ne sert plus, on le retire de l'habitacle, voilà, des câbles, essentiellement, dont la gaine est d'une couleur particulière, afin qu'on se souvienne de les emporter, et quoi encore, certaines caméras, c'est bon. *All right*, dit Travis, sous sa grosse moustache rassurante (ou l'est-elle ?). Eh bien, messieurs dames, je crois qu'il est temps de vous laisser. Les techniciens sortent du cockpit, où on se retrouve tous les quatre.

Il est, quoi, 9 h 30.

L'écoutille est verrouillée.

Pas de doute, là, on y est.

11

Le plus difficile, alors, c'est l'attente.

On fait, du temps, toutes sortes d'expériences. Parfois, l'espace d'une journée vous paraît trop exigu pour tout ce que vous avez à y accomplir, un peu comme le coffre d'une voiture, où vous ne savez comment tout caser. Parfois, à l'inverse, les heures sont de gentilles choses molles, et vous y êtes comme enveloppé(e) d'un édredon, à les laisser simplement passer, à regarder doucement changer la lumière (ah, ce temps élastique et distendu des journées oisives et libres, ce fond confortable et lent auquel vous adossez vos rêveries). Et puis parfois il y a, sur la ligne ordinaire du temps, un événement prévu, à un horaire fixe, auquel il faut faire face. Ce temps tout serré, inextensible, qui vous sépare du départ d'un train, par exemple, et où d'un coup la forme ample et soyeuse des heures se transforme en un cadre contraint, si bien que vous voilà, essoufflé(e) et inquiet(e), à presser le pas dans les couloirs du métro, votre tempérament indolent (je parle pour moi, du moins) bouleversé devant la violence de cette mathématique implacable qui régit les minutes, transpirant dans votre manteau trop bien fermé, votre sac de voyage trop lourd ballottant contre votre flanc, toutes vos pensées tendues vers cette échéance qu'il ne faut pas rater, car l'heure où votre train démarrera est une réalité qui ne vous appartient pas, et comme le temps est étroit alors et ses arêtes aiguës et ses parois rigides. Au lieu de cette chose souple et accueillante qu'il est capable d'être, brusquement il devient raide et sans appel, et il n'y a plus d'autre solution alors que de s'y plier, de vous soumettre à ce laps minuté qui vous rapproche du coup de sifflet qui fera s'ébranler votre train et que vous ne pouvez pas moduler, de vous débrouiller vaille que vaille de cette mécanique parfaitement extérieure à vous, et qui participe très largement (autant que le léger suspense que provoque toujours un voyage, et la question de ce que vous allez trouver là-bas, ou encore de ce qui va se passer ici en votre absence, de ce qu'il va advenir de votre appartement, dont j'espère que vous avez bien fermé l'eau, ou de vos proches et de la façon dont ils vont s'occuper sans vous) des effets anxiogènes des départs.

Pour ce qui est de nos astronautes, ils vont bientôt faire l'épreuve de ce calcul implacable des secondes, de cette matière autoritaire, immédiatement mesurable, du temps. Mais d'ici là, les deux longues heures malaisées qu'il faut distiller avant le décompte, encore vibrantes des incertitudes induites par la météo, leur paraissent plutôt, à eux qui sont ficelés dans le cockpit et brimés dans leurs mouvements, interminables comme l'abîme dans lequel on se prépare à s'enfoncer. Et l'attente est d'autant plus inconfortable que, la navette regardant vers le ciel, vous êtes assis, c'est ça, sur le dos, les cuisses ramenées devant vous, la nuque heureusement soutenue par ce petit coussin blanc confectionné à vos mesures.

Où en est-on, dans la salle de lancement ?

Michael considère le ciel.

Les nuages, indubitablement, continuent de se boursoufler, et on comprend pourquoi certains les comparent volontiers aux méristèmes des choux-fleurs (n'ont-ils pas le même aspect blanc, potelé et grumeleux ?).

Le stress assèche les muqueuses. Michael déglutit. La petite poche de salive descend dans l'œsophage et l'hydrate agréablement. Il rappelle la météo.

On collecte les données, on fait des calculs, on affine les prévisions. Parallèlement, on procède à des essais en conditions réelles, et c'est Rick Sturckow qui s'y collette. Rick est un astronaute qui a déjà volé plusieurs fois sur la navette et qui, ce matin, est chargé d'éprouver sur place, dans un T-38, les effets de la météo. Quand la navette atterrit, elle se présente à l'horizontale, et ses roues viennent toucher le sol dans l'exacte position d'un avion : Rick, dans un genre de répétition, joue la scène, vérifiant qu'il n'y a pas d'entrave à se poser – il faut bien s'assurer qu'en cas de problème un atterrissage d'urgence d'Atlantis reste possible.

Dans la *Firing Room*, il y a du beau monde. Charles Bolden est là, l'administrateur de la Nasa, regardez, dans son costume marine à rayures, une grosse bague à l'annulaire droit, une gourmette au poignet, et sa cravate jaune. Ancien astronaute, il a volé sur les trois navettes Columbia, Discovery et Atlantis. Son administrateur associé est à ses côtés, tenez, Christopher Scolese, costume perle, chemise bleu de ciel, cravate marine rayée de blanc-gris. Et puis Bob Cabana, le directeur du Kennedy Space Center, ancien astronaute, lui aussi, cheveux poivre et sel, costume souris bien boutonné sur sa chemise blanche, cravate des officiels de la Nasa.

Tous se sentent concernés par le ciel ballonné, les nuages mafflus qui continuent d'imposer leurs silhouettes démoralisantes au-dessus du pas de tir. À 9 h 40, la météo s'oppose à un lancement. Il se peut décidément qu'on ne parte pas. À 9 h 54, le risque que le lancement n'ait pas lieu est de nouveau évalué à 70 %.

Oui, c'est énorme.

La règle veut que s'il y a même seulement possibilité d'averse, on reporte. Mais il faut parfois savoir faire de petites entorses à la règle. Les vents sont bons, notez bien, et il n'y aura pas d'orage, nous dit-on ; quant à ces pluies qu'on envisage, peut-être vaut-il mieux en courir le risque plutôt que de tout reporter ?

La décision n'est pas facile à prendre.

Il y a une expression alors qui permet de dénouer tout : le risque raisonnable. Peut-on considérer qu'on en est là ? C'est le terme qu'ils emploient, ils commencent à parler de *reasonable risk*.

D'autant que les choses ont l'air de s'arranger. Vers 10 h 45, on penche nettement pour le *go*. Les conditions sont un peu meilleures, et elles devraient le rester pour les trois quarts d'heure qui viennent. L'horaire de lancement prévu était 11 h 26 : il semble qu'on puisse le maintenir.

Michael vérifie auprès de chacun de ses interlocuteurs, et tous donnent le feu vert.

Steve confirme, *no constraint for launch*, pas d'obstacle au lancement. Bill, de même, qui en profite pour ajouter : *It's been a great partnership*, ça a été formidable de travailler ensemble. C'est le tour de Kathy, et pour elle aussi, *no constraint for launch*. Angie, en chemisier rose Pompadour dont le col pelle à tarte repose amplement sur sa veste prince de galles, entérine, *no constraint for launch*.

Alors Michael reprend sa place derrière son comptoir, au-dessus duquel un chevalet de table bleu au lettrage blanc affiche *Launch Director*, et il s'adresse par micro à Fergie pour leur donner le signal du départ.

Sa voix est essoufflée, un peu, et dès qu'il parle, Michael danse d'un pied sur l'autre, comme pour se donner du courage, scandant son discours, changeant constamment d'appui, dans un petit balancement latéral, et il leur souhaite bon vol sur, dit-il, cette véritable icône de l'Amérique, bonne chance, et amusez-vous un peu là-haut.

Have a little fun up there.

Il est quelque chose comme 10h55. Depuis la salle, on entend la réponse de Fergie, qui remercie Michael ainsi que toutes les équipes. Jusqu'au dernier moment, vous avez fait que tout a eu l'air facile, déclare-t-il, *Until the very end you all made it look easy.* Et il y a sans doute un fond d'accent de Pennsylvanie, dans la voix de Fergie, mais j'y entends surtout l'accent texan, dont il a probablement attrapé quelques inflexions à force de travailler et de vivre à Houston. Lui aussi lit le discours qu'il a préparé, scrupuleusement. Avec ce dernier vol de navette, ils vont clore un chapitre, c'est le mot qu'il emploie, *We're completing a chapter of a journey that will never end.* Et il confirme que l'équipage d'Atlantis est prêt pour le lancement.

C'est une affaire de minutes, maintenant.

Plus que neuf minutes, les prévient-on depuis la *Firing Room*.

Sandra remonte d'un doigt ses lunettes (le type de lunettes que les opticiens appellent des percées, vous savez, sans cerclage, et qui n'ont de monture que les branches et le pont, de sorte que le dessin du visage apparaît mieux derrière la seule transparence des verres), mais c'est surtout histoire de se donner une contenance, car ça va, elles sont très bien en place sur son nez.

Rex, auquel les cuisses servent de petit bureau, a scratché un carnet sur chacune, mais ça n'a pas l'air très commode. Il essaye de caler quelque chose sous une jambe, mais non, c'est pire. Il renonce.

Doug aussi manipule de la documentation et, avec les gros gants, il faut reconnaître que ce n'est pas facile.

On se débrouille.

On essaye de rigoler. *It's going to be fun*, dit quelqu'un.

Juste un peu avant 11 h 25, à la demande du sol, on ferme les visières.

Pour le moment, on relève le pare-soleil, dont on n'a pas besoin, et on reste le visage derrière cette paroi bombée d'aquarium, qui n'a pas l'air d'être antireflet, non, et sur laquelle la lumière se répercute en taches blanches.

Encore une minute.

Rex fait des mouvements avec ses bras, on ne sait pas pourquoi. Ça le détend, sans doute. Des quatre, c'est indéniablement celui qui bouge le plus. Il ramène ses mains l'une vers l'autre, puis en lève une, la repose, bon, bidouille un truc à sa gauche, s'y cramponne, fait pareil avec la droite, reste un peu les bras en croix, comme ça, puis lâche l'affaire – seule sa main gauche demeure rivée à son accroche. Parfois, il tourne un peu la tête, joue des sourcils.

Les autres attendent sagement.

Sandra est très immobile, dans son coin. La plus immobile de tous.

Le décompte des secondes commence.

Sur la Causeway, et partout sur la côte, ceux qui étaient assis sur des chaises pliantes se mettent debout, et tous, qu'ils soient restés tête nue ou qu'ils portent une casquette (si possible avec patte réglable à boutons pression), un bob (avec ou sans œillets d'aération), un panama ou un Stetson, tous fixent le même point incertain à l'horizon.

Plus que quarante secondes.

Les corps des spectateurs sont tendus, les visages tournés vers le ciel dont la luminosité blanchâtre les fait grimacer, les yeux plissés vers l'imminence de l'événement, les rétines prêtes, les nerfs optiques au taquet.

Les cristaux liquides s'agitent sur l'écran, sur lequel les secondes pulsent, 34, 33, 32.

31.

Le chiffre se fige.

Aïe, il y a un problème.

12

Depuis la *Firing Room*, on leur explique.

Bon, voilà, si on a suspendu le compte à rebours, c'est qu'on a un petit doute.

On n'est pas tout à fait sûr qu'on a bien rétracté le *gaseous oxygen vent arm*, le bras d'évacuation de l'oxygène gazeux en excès, qui coiffe le réservoir extérieur. Ça paraît effectivement plus sage de s'en assurer, et on promet qu'on n'en a pas pour longtemps.

Dans le cockpit, on attend donc la vérification. On essaye de se détendre. Deux précautions valent mieux qu'une, et c'est une bonne chose qu'au moindre doute la *Firing Room* suspende le lancement. Oui, mais un doute reste un doute, et le doute ne fait pas de bien. Le doute introduit dans votre esprit les petites levures du soupçon, lequel inévitablement enfle et devient vite inconfortable. Tout ça réveille l'idée de la possibilité d'une faille, et on n'en avait pas vraiment besoin, à une trentaine de secondes seulement du décollage.

Oh, on a répété les évacuations d'urgence, bien sûr, mais on aimerait autant éviter d'en vivre le scénario pour de vrai. D'autant qu'il faut bien reconnaître que les mesures prévues sont un peu folkloriques. Je vous raconte, en attendant que la *Firing Room* nous en dise plus.

Ils connaissaient déjà tout ça, Sandra et les autres, à cause des vols précédents, mais pour chaque mission on vous rafraîchit la mémoire, et, il y a trois semaines, Travis et George leur ont présenté les dispositifs de sauvetage. Travis, c'est Travis Thompson, que vous avez vu tout à l'heure dans la *White Room*, et quant à George, son patronyme est Hoggard. Le soleil était vif, ce jour-là, et Sandra portait des lunettes noires. Beau, mais pas si chaud, car Rex n'arrêtait pas d'éternuer – ou était-ce le soleil, justement.

Quand vous sortez (le plus vite que vous pouvez) de la navette, je vous explique, vous déboulez sur la plate-forme, où vous avez tout de suite, à main gauche, un placard, dans lequel vous trouverez en particulier, tenez, des extincteurs portatifs (facile, vous retirez la goupille de déblocage, et vous pulvérisez la neige carbonique en appuyant sur la poignée). À cet endroit précis, dans une lumière magnifique, comme filtrée par des treilles, le soleil plaquait sur leur visage le pochoir des ombres des grillages. Et puis, juste à côté, la lance d'incendie. N'oubliez pas d'ouvrir le robinet d'arrivée d'eau, là, juste à droite, sur le tuyau. Hum, est-ce qu'on y pensera ? Est-ce qu'on aura le temps ? Est-ce que tout ça n'avait pas l'air bien mince et bien fragile dans l'hypothèse où il se passerait quelque chose ? Nos quatre astronautes, dans leur combinaison bleue, regardaient alternativement le petit placard, le robinet, la lance, et puis nos deux zigotos, tous deux en respectable moustache blanche, mais pour celle de George, beaucoup moins fournie que celle de Travis, car Travis, pour ce qui est de la moustache, c'est difficile de rivaliser avec lui. Une moustache à la Obélix, pour un peu, qui lui donne décidément un air bonhomme. Mais cette bonne grosse moustache, et la confiance qu'elle inspire, suffira-t-elle à nous tranquilliser tout à fait sur l'efficacité de ce maigre dispositif ? Rex, à la demande de George, a accepté de tirer un peu sur l'extrémité de la lance d'incendie, pour se rendre compte par lui-même que le tuyau se déroulait sans peine, puis il a voulu la passer à Fergie, qui a décliné l'invitation par un petit hochement de tête (non, il n'allait pas s'emparer de la lance à son tour, ça lui allait comme ça).

Et puis, le clou du spectacle, on leur a rappelé le fonctionnement des nacelles.

Tout un programme, les nacelles. Ce sont des paniers (*slidewire baskets*, comme on les appelle), constitués d'une armature de métal couverte d'un tissu, qui glissent à grande vitesse sur un câble depuis la plate-forme jusqu'à une piste d'arrivée située quelque 400 mètres plus loin, et encadrée de lampadaires, pour le cas où cette folle échappée se produirait de nuit. À l'entrée de la piste, de grands filets ont été tendus entre des poteaux, pour servir de freinage.

La descente dure environ trente secondes, à tout de même plus de 80 km/h, et elle est suffisamment éprouvante pour que les astronautes ne soient jamais conviés à la tester. Seules deux ou trois personnes, semble-t-il, se sont prêtées à l'exercice : Charlie Bolden, que vous avez aperçu tout à l'heure dans la *Firing Room* (la cravate jaune, vous savez), et qui à l'époque était encore astronaute, et ce même George Hoggard, qui leur en décrit le principe dans sa chemise rouge à carreaux, et qui, il y a bien longtemps de ça, on était à la fin des années 1980, avait voulu prouver que l'utilisation des nacelles était sans danger. Notre George avait été un peu ébranlé par l'expérience, même si plus tard il avait déclaré à qui voulait l'entendre que, franchement, s'il avait dû payer cette attraction à Disneyland, il aurait demandé le remboursement de son ticket, vu le peu de frissons que la descente procurait.

On se contente donc de répéter le départ et l'arrivée.

Pour ce qui est de l'arrivée, on vous conduira au bas de la piste, sableuse et blanche, où les nacelles auront été descendues à vide. Les garçons à leur tour mettront leurs lunettes de soleil, et on leur expliquera à tous les quatre comment en sortir, c'est simple, vous faites d'abord glisser l'un des pans de tissu, lequel se rabat, comme ça, puis vous vous asseyez au bord de la nacelle, de sorte que le sol n'est plus qu'à une cinquantaine de centimètres de vos semelles, vous sautez, voilà.

À quelques mètres de là, un tank couleur citron vert vous attendra, où vous devrez alors vous précipiter, et qu'il vous faudra savoir conduire pour échapper à la catastrophe. On était alors entré dans l'habitacle aménagé du tank pour écouter les dernières explications. Puis Fergie, impérial, avait remercié George pour tout ce travail en amont, il lui avait serré la main en le félicitant, mais la vérité c'est que, cette fois-là, eux à qui on avait si bien appris à sourire, eux qui toujours affichaient leur optimisme, pendant ces démonstrations ils avaient du mal à cacher leur perplexité. Ils avaient regardé tout ce qu'on leur montrait avec gentillesse et soumission, mais on devinait, à leurs mines, qu'ils se demandaient comment le jet de la lance pourrait être suffisant contre l'incendie, vu le volume de carburant prêt à exploser, non, on n'y croyait pas trop, pour la lance d'incendie, ni pour les extincteurs qu'on avait sortis du placard et qu'ils se voyaient mal retourner contre la bête, le dragon crachant son feu, et eux, minuscules créatures, à diriger contre sa gueule vomissant ses flammes chacun son petit extincteur rouge comme une pauvre arme bien trop courte. Doug était livide, Sandra tricotait des sourcils, et rarement on avait eu une occasion comme celle-là de voir affleurer, sur la figure de ces personnages en représentation, la fragilité.

Quant au départ des nacelles, scrupuleusement aussi, on l'avait révisé. George avait mimé pour eux l'embarquement dans les paniers, vous enjambez, voilà, faites attention à ne pas vous cogner la tête contre la barre – mais, à ce stade, vous porterez sûrement encore votre casque. On hochait la tête, en pinçant les lèvres. Il y avait une telle disjonction entre la sophistication numérique de la navette et l'apparence de ces nacelles mécaniques, suspendues là comme à la foire. George continuait sa démonstration. Il faudrait grimper rapidement, chacun dans la sienne, si on préfère, mais on peut tenir jusqu'à trois dans la même, debout, c'est possible, quoique, à cause de la vitesse, on vous conseille tout de même assis.

C'était tout. George était sorti du panier. Ah si, un dernier détail, d'importance : une fois que vous serez dans votre nacelle, si vous devez évacuer, pour la faire démarrer il faut donner un bon coup ici. Est-ce que tu veux essayer, Sandra ?

Sandra s'était approchée, elle avait fermé le poing et, depuis la plate-forme, elle avait tapé fort sur la manette de déclenchement pour relâcher le panier, qui avait commencé à glisser tout seul, très vite.

Rex, appuyé à la balustrade, et pour ainsi dire aux premières loges, l'avait regardé dévaler, comme ça, tout vide ; et songeur comme il était, Rex, à ce moment-là, c'était clair qu'il s'imaginait dedans, avec la vitesse, le vent, le bruit. Il tenait la balustrade des deux mains, comme s'il était dans la nacelle et qu'il lui fallait s'accrocher tandis qu'elle courait sur son câble. Et puis les filets avaient fait leur office, et le panier s'était arrêté. La piste était remplie de sable, et ça s'était mis à soulever de la poussière, ce mouvement d'arrivée de la nacelle, et l'air que ça brassait. Un brouillard sec et arénacé montait, au travers duquel on apercevait le panier, à peine arrêté, qui ballottait et rebondissait sous son câble, solitaire, élastique et furieux.

13

La vérification n'aura pas été longue.

Le bras est parfaitement rétracté.

C'était bien la peine de se mettre la rate au court-bouillon.

Et le compte à rebours reprend.

30, voilà.

Plus que 25 secondes.

Amazing, dit Rex.

Sur la Causeway, où le décompte est retransmis, mais aussi partout où certains ont apporté des transistors, on énumère en chœur les secondes, 20, 19…

10, *Go for main engine start*, allumez le moteur principal.

9, *We have ignition sequence start*, la mise à feu commence.

6, 5, *All engines are burning*, les trois moteurs sont allumés.

1, 0, décollage, *Lift-off, we have a lift-off!*

Il est 11 h 29.

Sur les pelouses, les cris fusent, des hurlements, vous voulez dire, ceux qui ont les mains libres applaudissent, d'autres brandissent leur appareil photo ou leur portable vers la fumée blanche qui commence à bouffer et d'où jaillit la navette, qui monte alors comme une comète, avec sa traînée brillante. *Holy Hell*, *Holy shit*, *Look at that*, entend-on ici ou là, *It's about the coolest thing I've ever seen*, ça doit être le truc le plus cool que j'aie jamais vu. Partout, ça s'égosille, ça s'exclame, *Damned*, ça jure à qui mieux mieux, ça s'époumone à l'envi.

Certains tendent un index vers le ciel, comme si on ne voyait pas où ça se passait, le doigt aspiré par le spectacle, et ils pointent, là-haut, la navette sur laquelle tous ont déjà les regards fixés, comme si leur corps avait besoin de s'étirer vers elle, le bras lancé loin devant soi. D'autres se contentent de placer leur main en visière, parce que la blancheur du ciel est éblouissante, oui, mais aussi parce que cette petite chorégraphie toute simple les fait se sentir encore plus spectateurs. N'y a-t-il pas, dans ce geste, une façon de se montrer à eux-mêmes qu'ils sont là, qu'ils assistent à l'événement, eux, les derniers témoins, qu'ils la voient, cette ultime navette qui monte dans le ciel face à eux, de leurs propres yeux, protégés par le tiède auvent de leur paume ?

Et ce sont des gestes qui se reproduisent partout, sur les rives, sur la côte. Les regards sont happés par la navette, qui paraît minuscule, en proportion de toute la fumée qu'elle produit et dont les volutes enflent dans l'atmosphère.

Le long de la Banana River, deux petites filles en robe fleurie (même motif, à dominante rouge pour l'une, bleue pour l'autre) assistent à la scène juchées sur les épaules l'une du père, l'autre du grand-père, et toutes les deux tendent un portable vers le vaisseau. Mais on n'est pas sûr de leurs talents de photographes, et le père prend le téléphone de la plus jeune (cheveux courts, châtains, celle à la robe rouge) pour le brandir à son tour. L'autre (celle à la robe bleue, donc, les cheveux longs retenus en queue-de-cheval par un élastique fuchsia) conserve le sien jusqu'au bout. Ils sont venus avec leur petit chien, un bichon maltais blanc, qui, excité par la foule, mais indifférent à la montée de la navette, que tous ces corps de toute façon lui masquent, circule entre eux, retenu par une laisse rétractable au boîtier enrouleur rose (je n'invente rien), qu'enserre la main de la mère, debout à côté d'eux, massive sous sa casquette bouton-d'or.

Voyez aussi ceux du pont de Titusville, les petites filles y sont pareillement montées sur les épaules des pères, et les petits garçons, bien sûr. D'autres enfants se tiennent debout sur des rambardes intermédiaires, comme cette fillette, tenez, en tee-shirt rose indien et noir. Et pourquoi est-ce que je m'émeus de voir cette femme quitter un instant des yeux le spectacle de l'ascension d'Atlantis pour se tourner vers son mari, espérant échanger un sourire de connivence avec lui, ou heureuse seulement devant le bonheur qui baigne son visage dans ce moment.

Sur la Causeway, approchons-nous d'un particulier, posté au premier rang devant le lagon (une place de choix), qui filme la navette au-dessus du flot rapide dans un tremblé qui signe la vidéo amateur. Et puis tiens, il oriente l'objectif vers sa famille, hop (son fils et sa fille, qui sont en train de se ronger les ongles, bons spectateurs, concentrés et tendus), avant d'en revenir à l'engin qui, dommage, vient de s'enfoncer dans les nuages. Mais il en anticipe le parcours. Il a remarqué, plus loin, sur la droite, une trouée de bleu, ce qu'on appelait, dans les campagnes de mon enfance, une culotte de gendarme. Alors il dirige son objectif là où les cumulus s'écartent pour créer cet îlot azur, et il espère qu'elle y apparaîtra. Il a raison, la voici, *Here it is*, s'exclame-t-il en la pointant à l'intérieur même du cadre, filmant son index qui guide le regard et la désigne dans l'image, elle qui n'est pas plus grande alors qu'un grain de riz.

Et elle poursuit sa course, de nouveau dissimulée par quelques nuages compacts, avant de resurgir encore, et enfin de s'effacer tout à fait. Dans les interstices de bleu subsiste seulement une traînée de fumée, qui dessine un arc de cercle, une courbe en suspension dans l'air, fragmentée par les nuages qui s'intercalent sur son tracé.

Décidément, les contrechamps font fureur, et, à Cap Canaveral, un autre a franchement choisi, c'est une option esthétique, d'absenter entièrement la navette de ses images pour filmer seulement la foule assistant au lancement. Tournant obstinément le dos à l'événement, il fait de longs panoramiques sur ceux qui sont debout sur les pontons, tout proches de lui, puis sur ceux des yachts et des voiliers, vous savez, et puis aussi, on y croit à peine, sur des hommes et des femmes qui se sont avancés dans l'eau, tout habillés, dans un mouvement d'euphorie, sans doute, et comme si ces quelques mètres de plus leur permettaient de mieux voir, magnétisés par le spectacle, plongés dans le bassin jusqu'aux genoux.

Ailleurs, on regarde la navette émerger de derrière une rangée d'arbres, et son ascension apparaît biffée par trois doubles rangées successives de fils électriques.

Plus près encore du pas de tir, quelques-uns sont montés à l'arrache sur le toit d'un camion, et de là ils ont tout loisir de voir se développer au sol des volutes de fumée blanche ou rousse, puis s'élever, très net, très détaillé, le corps de la navette, collée à son réservoir et flanquée de ses deux boosters (l'un d'eux, du moins, s'offre lisiblement à leurs yeux), proche, vibrante, magnifiquement bruyante.

Les officiels aussi sont là, sur le site du Kennedy Center. Et on reconnaît notre Bob Crippen, qui boit du petit-lait. Les cheveux toujours aussi bien peignés, il lève les yeux, le sourire large, presque le sourire qu'il avait du temps de sa première mission. Le temps fait ça, parfois, pour certains, il efface complètement le visage de l'homme jeune, il brouille les cartes, il arrondit les angles, modifie les volumes, fond les traits, les gomme, avant d'ajouter bien normalement quelques rides secondaires qui achèvent de gribouiller l'ensemble. Le visage d'avant, alors, vraiment, est méconnaissable. Et pourtant, une expression peut fugitivement le faire réapparaître. Ce grand beau sourire que les années (et les deux drames de la navette, aussi) avaient un peu mangé, que les petites défaites de la vie avaient rogné, et qui se ranime, réveille, sous les traits contemporains (amollis, plus flous, plus mornes), le visage de l'homme qu'il était alors. Derrière lui, les feuillages s'agitent doucement, frottent le ciel gris, et lui, radieux, suit d'un œil vif le trajet de cette navette qui vient clore l'épopée qu'il a inaugurée. Au moment même où il pourrait s'agir d'un deuil, je crois lire sur sa figure rajeunie que c'est une bouffée de joie qui l'envahit, comme si quelque chose de sa vie passée, à cet instant, lui était restitué. Il se sent de nouveau l'astronaute qu'il a été, ça ne va pas durer, mais c'est intense, et on dirait que cette dernière fois, dans une certaine mesure, entérine son triomphe et le consacre.

Sur le toit d'un bâtiment, une chaîne de télévision a posé sa caméra et zoome, par-delà les bayous, sur la structure du pas de tir, filmant la navette qui monte dans le ciel, poussée par le cône lumineux du carburant en feu.

Le caméraman de TV5 semble hésiter sur la meilleure valeur de plan, et aussitôt dézoome, voilà, pour qu'on saisisse, en même temps que l'engin, le décor au-dessus duquel il s'élève, laissant alors apparaître des parties du complexe, les bâtiments rectangles, posés là comme une maquette, les routes qui mènent au pas de tir, les bosquets, l'herbe verte comme tout.

Et puis l'opérateur zoome de nouveau vers Atlantis, s'attachant à suivre le parcours de la navette qui, là encore, pénètre la couche de nuages et disparaît.

Des volutes de fumée stagnent au sol, où elles se sont répandues horizontalement, chassant les pélicans inquiets. Ces pélicans bruns, qui parafent les paysages des côtes américaines, griffant d'habitude le ciel de leur silhouette cruciforme, fonçant, toutes ailes ouvertes, et leur long bec fin pointé vers les vagues, sur leur proie, aigus et précis, et qui ce matin s'éloignent à tire-d'aile au-dessus du lagon.

Depuis les rives, on ne voit plus à présent qu'un long panache ivoire, une colonne floconneuse, qui se maintient dans l'air. Et qui vient se dupliquer à la surface des eaux, un peu brouillée par les rides du flot, comme n'importe quel élément du paysage.

Une grande cicatrice blanche, oui, qui porte même son ombre, regardez, malgré les nuages, sur le bassin, qu'elle biffe d'une diagonale grise ; et qui affiche dans le ciel le stigmate de ce passage tout récent de la navette, longue traînée de fumée bouffante et déjà discontinue, dont le matériau, léger, volatil, paraîtra bientôt aussi fragile que des effilochures de barbe à papa.

Sur le *Viewing Press Center*, on dévisse les trépieds, on range les appareils photo, et partout, sur la côte, on plie les sièges de toile, on ferme les sacs à pique-nique, on vérifie les zips des glacières, on ramasse tout le bazar qu'on avait sorti en attendant, tout son petit fourbi. Les gestes sont lents, presque hésitants, comme après un traumatisme.

Et à la *Firing Room* ? Depuis la salle, on a cessé de porter les yeux sur les écrans pour les lever vers le ciel véritable, derrière les baies vitrées. On s'est mis debout, on a tendu le visage vers la lumière naturelle, et on a observé le parcours de la navette qui s'élevait dans un sans-faute, vite disparue, absorbée par l'épaisse couche de nuages. Michael regarde encore un peu cette longue plume blanche qu'elle laisse derrière elle, puis il se retourne vers la salle et, dans le pâle contre-jour qui le nimbe, il applaudit son équipe.

On vient de passer la main à la Mission de contrôle de Houston, qui désormais suivra nos astronautes, et on se congratule. C'est fou ce qui vibre d'ondes contradictoires, dans cette pièce, où se croisent le soulagement d'avoir mené ce lancement à bien dans des conditions qui n'étaient pas très faciles (pourquoi ne serait-on pas sincèrement contents de cela), et des regrets dont le dessin s'affirme. Car voilà, c'en est fait de toute cette énergie qu'on déployait ensemble, et ce qui jusque-là n'était encore qu'un spectre vague, un oiseau noir qui planait au loin, s'abat d'un coup sur tous. Ils viennent de franchir ensemble cette ligne fragile qui sépare l'avant de l'après, d'en rompre le ruban de leurs bustes vigilants, comme des marathoniens, et tout cela, maintenant, est pour toujours derrière eux.

Michael et Charlie Bolden s'étreignent, sous les applaudissements de Bob Cabana, et on passe de *hug* en *hug*, d'accolade en accolade. On sent comme un léger flottement, et les embrassades s'éternisent. On serre les mains, on se prend dans les bras, on se déplace de l'un à l'autre, avec une incertitude dans tout le corps, une hésitation, je ne sais quoi qui prend un temps infini. Tout ça se fait dans une chorégraphie brouillonne et interloquée, une maladresse commune, une lenteur hagarde. C'est comme, dira plus tard Michael, quand on lui demandera de décrire ce moment, comme à la fin d'une soirée, quand il faut se séparer, et que personne ne veut vraiment partir. Ils prolongent ces instants-là, réticents à quitter la salle, et ce moment s'étire. Ils reçoivent dans leurs bras les corps des uns et des autres, dans cette fin de matinée toute grise, des corps alourdis, comme de grands sacs trop pleins d'émotions, comme sont les corps parfois, quand on les serre contre soi dans des occasions particulières, tout palpitants et pourtant mous comme chiffe, emplis à ras bord de mille sensations et pantelants. Et ils vont de l'un à l'autre, éberlués, méritants et tristes. Ils traînent, ils s'attardent, et il faut bien reconnaître, pour reprendre le mot que Fergie a prononcé il y a deux heures dans le cockpit, qu'il n'est jamais facile de clore un chapitre.

14

À présent, Houston contrôle le vol.

Figurez-vous des rangées parallèles et onduleuses de bureaux (comme des vagues, oui), lesquels font face à un vaste écran panoramique, et incluent eux-mêmes des écrans numériques encastrés à l'orthogonale de leur plan de travail. L'effet marin de l'ensemble est accentué par la couleur (un bleu-gris) du revêtement de ces consoles, qui en surligne les houleux méandres. Et puis que dire ? Toujours ces faux plafonds en polystyrène, dont les carrés grisouille alternent avec des dalles d'éclairage, et où sont suspendus trois projecteurs qui pointent leur canon vers l'écran immense pour y afficher un certain nombre de données, ainsi que des images en duplex de nos astronautes, quand cela est nécessaire.

Le tout baigne dans une lumière uniquement artificielle, contrairement au *Firing Room* du Kennedy

Space Center que nous venons de quitter. Les baies vitrées de l'arrière de la salle donnent en effet sur un amphithéâtre aveugle et sombre. Et tout cela confère constamment au décor un petit côté endormi et crépusculaire, comme si, pendant toute la durée de la mission, on était plongé dans une nuit permanente.

L'homme qui supervise l'ascension de la navette, c'est Richard Jones, *Ascent Flight Director*, pour vous servir, assis là en bras de chemise (blanche) et cravate rubis. Dans quelques heures, quand des journalistes l'interrogeront, il dira que toute la matinée il a été un paquet de nerfs, surtout à cause de la météo, incertaine et menaçante.

Et puis il y a dans cette salle toutes sortes de gens que vous ne connaissez pas encore, et nous allons pouvoir nous faire de nouveaux amis.

À côté de Richard Jones, voici Barry Butch Willmore, qui est, avec Shannon, Megan et Stephen, l'un des quatre *CapCom*. Les *CapCom* jouent un rôle important dans cette affaire. Généralement astronautes, ou anciens astronautes, ils ont pour fonction d'assurer la communication avec l'équipage de la navette, et les ordres, les conseils, les questions ou les réponses passent par leur voix.

La voix la plus ancienne, la plus émouvante pour tous, la voix la plus liée à l'histoire même de la navette, c'est la voix de Shannon Lucid. Ah, la voix de Shannon Lucid… Quand on l'entend, comme dit Fergie, on sait qu'on est dans l'espace. C'est une voix qui tinte, pimpante, et peut-être un brin chevrotante, dont le souffle imprime à la succession des syllabes je ne sais quoi de bousculé et de joyeux, d'entraînant et de protecteur à la fois, de parfaitement apaisant et d'inquiet pourtant. Une voix qui porte la mémoire de toute cette aventure spatiale, et qui charrie aussi des années de vie intime, comme toutes les voix, et nous raconte dans son flux mille secrets invisibles qui en colorent les voyelles et en précipitent le débit. Une voix qui sort droite, directe, de ce corps qui porte sur ses épaules le poids de soixante-huit ans d'une existence qui débuta à Shanghai, où les parents de Shannon étaient missionnaires, se développa dans l'Oklahoma, connut mariage et enfantements et toutes sortes de jours, dont deux cent vingt-trois dans l'espace. Mais nous aurons tout loisir de revoir Shannon, puisque c'est elle qui sera en charge, chaque matin, de réveiller nos astronautes et de leur rappeler le plan de travail du jour.

Parmi les *CapCom*, nous entendrons aussi Megan McArthur, brune avec un carré, beau sourire, et à peine plus de la moitié de l'âge de Shannon. Océanographe de formation, Megan est elle-même mariée à un astronaute (Robert L. Behnken, si vous me posez la question, dont on peut dire qu'il a plutôt de la chance). Quant au quatrième, il s'agit de Stephen Robinson, dont nous aurons l'occasion de reparler.

Pour en revenir à Willmore, voilà un type aux yeux bleus, les cheveux très courts, le visage éclaboussé de taches de rousseur comme si quelqu'un à proximité avait secoué un stylo plume à l'encre sépia. Si vous lui demandez ce que ça lui fait, d'être Cap-Com sur la dernière mission de la navette, il vous répondra que pour lui c'est un peu comme quand il a dû se séparer de sa Ford Mustang : il était triste, il lui a jeté un dernier coup d'œil, et puis il a pensé à la voiture suivante.

Il est comme ça, Willmore : toujours plus, et de la volonté à revendre, il suit à la lettre le programme de son nom.

Mais laissons-les un moment, ceux de la mission de contrôle de Houston, avec leurs petits problèmes de gens au sol, pour aller voir comment ça se passe dans la navette, où on est tout de même assez immédiatement en train de risquer sa vie.

Comment vont-ils, nos quatre personnages principaux, ficelés dans leur cockpit ?

Ce que vous éprouvez lors d'un lancement, tous les astronautes vous le diront, est difficile à décrire. L'impression est saisissante, intense, extrême. C'est brut, âpre, et littéralement formidable, c'est quelque chose de terrible, qui vous cloue au siège.

Comme souvent lorsqu'il s'agit de faire comprendre une sensation neuve et inconnue à des gens qui n'en ont pas l'expérience, on a recours à des comparaisons. Il y en a pour affirmer que c'est comme si vous vous preniez un coup de batte de baseball dans la poitrine. D'autres, et par exemple notre Bob Crippen (mais ils sont nombreux), préfèrent décrire cette sensation comme celle d'un grand coup de pied aux fesses, *a big kick in the pans*. Mike Fossum, que nous allons bientôt rencontrer sur la Station (si tout se passe bien), Mike a une façon plus poétique de formuler les choses. Dans ces moments-là, il a le sentiment que la navette est une bête sauvage. Et, raconte encore Mike, c'est comme si soi-même on devenait un chien ébouillanté. Il paraît que c'est une expression que l'on entend parfois au Texas, chien ébouillanté.

Ce qui est sûr, c'est que vous sentez un poids énorme, qui vous comprime, qui vous écrase, qui vous oppresse. Dans le même temps, une force inouïe vous pousse, et vous avez conscience de la puissance du véhicule, qui s'exprime aussi dans ses trépidations.

Car le vaisseau tremble, et c'est bien ce qui se passe pour nos quatre mousquetaires (rembobinons un tout petit peu, voulez-vous), dès que ça commence, ils tressautent contre leur siège. Rex a beau rigoler, ça vibre sec. *She is going up*, dit Doug. Indéniablement, la navette monte.

La vitesse augmente, tandis qu'il paraît que dehors la densité de l'air diminue, et vers la quarantième seconde on réduit un peu les moteurs, s'il vous plaît, pour adoucir cette phase de vol très inconfortable qu'on appelle couramment le Max Q. C'est le moment où la pression aérodynamique est maximale.

C'est aussi, figurez-vous, le nom du groupe à l'intérieur duquel Fergie joue de la batterie (et pas plus tard encore qu'il y a deux mois, le 4 mai, au Johnson Space Center, où, lunettes noires, polo bleu, il tapait consciencieusement sur des fûts rutilants qui attrapaient bien la lumière des projecteurs).

Le Max Q (le groupe, donc, je fais une petite digression musicale qui nous aidera à passer cette étape délicate du vol) est constitué exclusivement d'astronautes, et Stephen Robinson, le quatrième *CapCom* que je vous ai rapidement présenté, en fait également partie. Tout le monde n'est pas disponible en permanence, à cause des vols et des entraînements, et la formation est un peu élastique. Un rock'n'roll band, on peut l'appeler comme ça, et ce qu'ils jouent, oh, plutôt des tubes qui remontent à un certain temps, des trucs de Queen ou des Eagles, voyez, ou des Doobie Brothers. Ça leur arrive de se produire en polos de la Nasa, mais souvent, les concerts, c'est plutôt chemises Hawaii. Ils s'amusent, ils se la racontent un peu, et à la fois ils ne se font pas d'illusions sur la qualité artistique de l'ensemble. De l'avis de Robert Gibson, l'un des deux fondateurs, on peut comparer leur groupe à une navette spatiale : tout ça fait beaucoup de bruit, mais pas vraiment de musique.

La création du Max Q, un an et demi après la catastrophe de Challenger, avait eu un côté volontariste. Le deuil pesait encore sur les épaules, et Robert, accompagné d'un certain Brewster Shaw, avait eu envie de faire quelque chose pour ramener un peu de joie dans tout ça. Ils avaient donné leur premier concert au Walter Hall Park de League City, Texas. Les projecteurs pas du tout orientés comme il faut, une poignée d'astronautes avaient joué dans l'ombre, presque à contre-jour d'un grand rideau plissé clair, et leurs silhouettes, dans un style vestimentaire plutôt sobre (juste la petite coquetterie des lunettes noires qui cachaient les yeux bleus du chanteur, George Nelson), s'étaient démenées de bon cœur face à une salle stimulante et en liesse. Vingt-quatre ans plus tard, le groupe existe encore.

Dans le cockpit d'Atlantis, nos quatre compères, secoués comme tout, mais stoïques, j'aimerais vous y voir, semblent passer le Max Q sans encombre.

Mais oups, peut-être ne fallait-il pas se réjouir trop vite, peut-être ne fallait-il pas trop précipitamment écrire « sans encombre ».

Ça fait une minute à peine qu'on est en train de fendre le ciel, quand l'alarme sonne.

Nos astronautes sont entraînés au pire. Ils ont fait des séances et des séances de simulation, au Johnson Space Center. Les membres de l'équipe leur programmaient les configurations les plus horrifiques pour leur apprendre à réagir, ils s'en donnaient à cœur joie, chargeaient la mule. Et ça arrivait, forcément, dans ces fictions, qu'on meure, surtout dans les débuts. On progressait, on devenait plus ferme, plus efficace, on travaillait la coordination. Mais quand on sortait du simulateur et qu'on avait encore échoué, qu'on était mort et tout l'équipage avec soi, on avait les jambes qui flageolaient un peu, et dans la bouche un goût pas très agréable.

Autant d'avanies sur un vol que celles auxquelles ils devaient faire face dans le simulateur, franchement, c'était très peu probable, et, en regard de l'imagination débordante des entraîneurs, on se disait toujours que ce serait forcément du petit-lait, le vol, que jamais le réel ne serait aussi hostile, aussi obstiné, aussi complexe et acharné. Mais du petit-lait, tu parles, une fois qu'autour de soi, derrière les parois, ce ne sont plus les terres fermes du Texas, les bâtiments des bureaux, le paysage familier de la Galveston Bay, mais bel et bien le ciel vaste, indéfini, brut, avec ce carburant qui brûle à des chaleurs inimaginables, dans la bombe que c'est, une navette, à l'intérieur de laquelle les voici enchaînés, crispés et minuscules, offerts à la nudité affolante du réel, à sa crudité.

Dans la stridence de la sonnerie, face à la vérité acide et acérée de ce moment, ils sont quatre à se serrer les coudes. Doug s'efforce de régler la situation. Rex l'encourage, il lui lance une phrase de psychologue, destinée à le pousser à agir, mais sans pression, *Do what you can do*, l'incitant seulement à faire au mieux face à ses manettes et à ses voyants lumineux.

L'alarme signale, voilà qui aurait de quoi nous affoler, que la vitesse de dépressurisation de la cabine est beaucoup trop importante. L'air pourrait bien être en train de fuir. *What?* dit Sandra. Mais qu'on se rassure. Jean-François Clervoy m'explique. Le phénomène est simplement dû au fait que, quand l'atmosphère au-dehors se raréfie, on assiste à une légère expansion de la cabine, ce qui provoque une diminution provisoire de la pression, que les ordinateurs (on ne peut pas trop leur en demander) perçoivent comme une fuite. C'est ce qu'on appelle une alarme attendue, et il suffit d'appuyer sur le bouton rouge, et carré, qui s'est allumé, pour en éteindre la sonnerie désagréable (et forcément angoissante).

Pour la simulation aussi, au reste, il y avait eu une dernière fois. Ah, ça, on y était allé, on leur avait bichonné les pires hypothèses, ça avait été comme le bouquet final d'un feu d'artifice. Puis, pour terminer la série, afin que nos astronautes partent sur une note joyeuse et optimiste, on leur avait offert un vol sans encombre. Et il avait fallu dire au revoir à chacun, saluer ceux qui leur avaient concocté ces scénarios aux petits oignons. Nos trois garçons en polos brun, marine et beige sur pantalon beige ou bleu, et Sandra, ce jour-là, dans un petit chemisier à manches courtes lâché sur son jean, on se prenait dans les bras, l'émotion était palpable. Il y avait là, tenez, Susan Crippen, la fille de Bob, vous savez, et d'autres, que nous n'aurons pas vraiment l'occasion de connaître plus avant, Juan Garriga, Dennis Vincent… Et puis Daena Schumacher, qui s'était particulièrement occupée de l'entraînement de Sandra pour cette mission. Sandra l'avait serrée contre elle, et ça avait été un moment dans la longue lignée des au revoir, de toutes les dernières fois qu'il avait fallu traverser, une par une, à mesure des étapes qui les avaient conduits jusqu'au lancement.

Dès la soixante-dixième seconde de vol, on est de nouveau à pleine poussée. À une minute et quarante secondes, nous voici à plus de vingt-cinq kilomètres du Kennedy Space Center, à vingt-quatre kilomètres d'altitude. La vitesse est de plus de 4000 km/h, on continue d'accélérer, et vous n'avez pas idée de ce qu'on brûle, quelque chose comme une tonne de carburant liquide à chaque seconde, et à chaque seconde aussi, près de dix tonnes de poudre.

À la deuxième minute, on a fait flamber tout le propergol solide, et on n'a donc plus besoin des boosters. Au bout de deux minutes et dix secondes, comme prévu, on les largue au-dessus de l'Atlantique.

15

Posté à plus de 200 km de la côte, debout sur l'aile de pont de son bateau, John Fischbeck, les yeux rivés vers le ciel, attend de voir tomber les boosters.

La mer n'est pas trop mauvaise, juste un peu agitée (voyez ces frisottis d'écume), elle vous ballotte normalement la coque.

On a connu pire.

On a connu des tempêtes, des nuits noires, des journées d'hiver glaciales. On a dû faire avec des vents violents, affronter la cambrure des hautes vagues sous le poison acide des embruns qui vous rongeaient la peinture du pont, se frayer une route au travers de brouillards à couper au couteau, stationner dans toute l'étrangeté de cette vapeur opaque, ces volutes épaisses et grises, ces fumées de mer, ces purées de pois, où l'on écarquillait les yeux en vain, prisonniers de ce paysage gommé, invisible, et comme englouti.

Et certains étés, sous ce soleil tropical, dont l'eau, en faisant office de réflecteur, démultipliait la force, composer avec des chaleurs pénibles, éreintantes, qui vous déshydrataient en un rien de temps.

Aujourd'hui, la météo est incertaine, c'est vrai, mais les conditions pour travailler sont convenables.

Il faut dire que l'océan, John Fischbeck, c'est vraiment son élément. Quand il n'est pas à s'occuper de récupérer les propulseurs d'appoint, comme aujourd'hui, il est en mer encore, soit qu'il se détende en faisant une croisière, soit qu'il bataille dans une course de yachts. Il paraît qu'il lui arrive aussi de jouer du banjo.

Depuis le premier lancement, John travaille à repêcher les boosters. La technique, il la connaît ; et il sait l'attente, aussi.

L'attente, dans le mouvement des vagues, et les cris des goélands. C'est un chapitre où l'on entend les mouettes, et profitons-en, avant de retrouver nos astronautes confinés dans l'habitacle étroit de la navette. Des oiseaux passent, sillonnent, accélèrent, planent, partent et reviennent, circonvolutionnent en moult figures, s'époumonant dans la joie violente et immédiate que leur procurent leurs chorégraphies aviaires, s'égosillant dans l'air salin et vivifiant. Et voici qu'alors même que j'évoque leurs vocalises, par ma fenêtre entrouverte malgré l'hiver (ici, oui, nous sommes en hiver, et ce petit filet d'air vif me fouette et me fait travailler mieux que dans le cocon engourdi de la pièce chauffée), depuis la table où j'écris, j'entends à mon tour, à cet instant précis, le cri des mouettes, ces mouettes qui remontent la Seine proche et donnent parfois à la capitale des allures de station balnéaire (il est des coïncidences délicieuses, mais je referme cette parenthèse et la porte de mon bureau).

C'est arrivé, quand l'attente était longue, et par exemple quand on leur annonçait un report du lancement au lendemain, qu'ils se mettent à pêcher. Puisqu'on y était, en pleine mer, avec toute cette nourriture frétillante qui circulait là.

Ils pêchaient à la traîne, alors, à une vitesse toute douce, laissant trempoter leurs lignes dans les vagues. Je ne sais pas trop ce qu'ils utilisaient, comme leurres, si chaque fois ils avaient prévu le coup, emportant avec eux, à toutes fins utiles, leur petite panoplie de plumes et de faux poissons nageurs, aux couleurs vives, et qui dans le mouvement godillent toujours d'une façon appétissante, ou bien s'ils improvisaient (bouts de nourriture, ou quoi). Mais le fait est qu'ils en attrapaient, du poisson. Et l'embarcation s'avançait comme ça, avec ses lignes qui pendaient à bâbord et à tribord, et qui lui faisaient comme de très fines pattes d'insecte, dont elle devenait le gros abdomen en mouvement.

Dans les flots, au reste, vous ne trouverez pas seulement turbots, cabillauds et autres aiglefins ou goberges : des requins, nous le savons, croisent aussi dans le coin. Ce sont des requins pointe blanche, que vous reconnaîtrez, comme leur nom l'indique, aux marques comme tracées à la craie que vous apercevrez au bord de leurs nageoires (vous pourriez les comparer aussi bien à des éclats de plâtre, ou à des touches de peinture, ou, pourquoi pas, à des liserés d'écume). Pas timides pour un sou, ils viennent volontiers voir ce qui se passe, font leurs badauds à proximité de la coque, l'œil aigu, avec dans le museau je ne sais quelle physionomie bizarre qui leur confère un faux air étonné. Leur curiosité peut les conduire à suivre d'assez près un plongeur (car des plongeurs, vous allez le voir dans un instant, officient largement dans cette opération de repêchage des boosters), le cas s'est déjà produit, avec, heureusement, plus de peur que de mal.

Ces années à travailler ensemble, à affronter les vagues, à composer avec les vents, à pêcher joyeusement, voire à tâter du requin, ça crée des liens, bien sûr, et cette dernière attente laisse s'engouffrer dans le cœur de Fischbeck mille petits regrets que l'action imminente, sans doute, balayera, au moins provisoirement, pour concentrer toutes ses pensées sur le seul déroulement de la mission. Mais pour l'heure, dans ce moment océanique, comme il respire l'air iodé, balancé par la houle, il cède à cet élan d'affection bourrue pour ceux qui sont là, avec lui, dans la brise et le roulis. Et ce n'est pas seulement de chacun d'entre eux personnellement qu'il se sent proche, en cet instant, mais, se dit-il (dira-t-il en substance, quand on l'interrogera), dans un grand mouvement œcuménique de son âme qui se gonfle avec ses poumons, de tous ceux qui ont rendu cette aventure possible, tous ceux, John s'exalte, qui ont travaillé à la fabrication et au lancement de la navette, et avec lesquels (la tendresse le submerge) il a comme l'idée qu'il forme une seule et même famille. Et tandis que, les yeux plissés vers les nuages, il attend ses deux proies, il pense à eux tous, depuis son embarcation, et il se voit, que voulez-vous que je vous dise, comme un composant infime de ce grand tout.

Il y a eu une fois où les boosters ne sont pas tombés, ou pas comme on aurait voulu. Mais brisés. Mais par morceaux.

Pendant les mois qui ont suivi cette catastrophe de Challenger, ils ont passé un temps considérable à vider l'océan de tout ce qu'ils y trouvaient. Ils étaient à plusieurs bateaux, et il y avait même un sous-marin pour les aider. Tout ce qu'ils sortaient des flots, ils le référençaient, avec la latitude et la longitude. Ils fouillaient les eaux, et ils repêchaient de tout. Tout ce qui y était tombé, par erreur, ou à dessein, tout ce qu'on y avait jeté. L'océan, un vrai champ de ferrailleur, on n'a pas idée. Des canettes, des tas de canettes. Des bouts de carlingues d'avions. Des morceaux de capsules. Et puis un jour, c'est triste à dire, un jour où Fischbeck n'avait finalement pas participé aux opérations, un jour, la cabine de la navette.

Et cette fois-là plane aussi, forcément, sur cette scène où John Fischbeck attend parmi les vagues, en cette fin de matinée de juillet où on croise les doigts pour que ça ne se passe pas comme ça.

Pour l'instant, côté réception des boosters, en tout cas, on est fin prêt.

On se tient un peu en retrait du périmètre dans lequel nos deux fusées d'appoint sont censées chuter, comme on doit le faire, et on s'est bien préoccupé aussi de vérifier que personne ne naviguait dans un diamètre de quatre-vingts kilomètres autour de la zone d'impact prévue. Les radars fonctionnent à bloc, et à la moindre alerte on entrerait en contact radio avec l'embarcation écervelée qui fendrait étourdiment les flots en risquant de se prendre un booster en pleine poupe.

Et on continue de fixer le ciel, d'où tomberont ces drôles d'oiseaux.

Les voici.

On les entend, d'abord, et puis on les voit.

Ils commencent par dégringoler, comme ça, tournoyant sur eux-mêmes, chaotiques, deux bâtonnets, vus de loin, qui vacillent dans l'air gris. Puis leurs parachutes s'ouvrent (car ils sont dotés de parachutes), leur chute se ralentit, et ils se stabilisent dans une position presque verticale. Les parachutes apparaissent maintenant avec netteté, trois par booster, leurs voilures claires et gonflées font comme des genres de renoncules, peut-être, ou de lys, et puisque c'est le même mot, en anglais, pour dire se déployer et fleurir.

Les boosters descendent bien droits à présent, ils tombent très correctement, touchent l'eau, bien à l'orthogonale, dans laquelle ils s'enfoncent à peine avant de resurgir aussitôt, aux trois quarts immergés et le dernier quart dépassant, bien visible, trouant la surface comme une balise, un bout de colonne tronquée.

Les deux bateaux alors s'avancent, car ils sont deux, je ne l'ai pas encore dit, le *Freedom Star*, et le *Liberty Star*, chacun étant responsable de l'une des fusées d'appoint.

On procède avec méthode.

La première chose à faire, c'est de récupérer les parachutes. Au contact de l'eau salée, ils se sont détachés, par l'effet d'un procédé spécial, dont vous avez peut-être déjà entendu parler, en particulier si vous faites, on ne sait jamais, du parachutisme sportif. Pour qu'on n'en perde pas la trace, ils demeurent reliés au booster par des filins en kevlar. Avant d'en sectionner les câbles, vous prendrez soin de fixer çà et là des flotteurs (rouges, ça se détache bien contre le fond bleu-gris de l'eau) qui évitent que lesdits parachutes ne sombrent aussitôt dans les profondeurs, où ils pourraient bien s'enfoncer sans remède. Impeccable. Il ne reste qu'à enrouler leurs voilures autour de ces immenses bobines qui se trouvent sur le bateau. Tout à fait la structure de bobines de fil, voyez, avec leur gros corps cylindrique (on dit parfois une âme – si ça n'est pas joli) et leurs deux flasques idem (on appelle flasques ces butées parallèles, de part et d'autre, qui clôturent le cylindre et empêchent que le fil ne s'échappe).

Tout ça prend du temps, bien sûr, dans le vent marin, et les corps s'activent, se coordonnent et transpirent, mais on y arrive.

Maintenant, les boosters à proprement parler. En tombant verticalement, je vous explique, au moment de toucher l'eau, les boosters contenaient suffisamment d'air, piégé à l'intérieur, pour rester comme ça, sans s'enfoncer dans les fonds marins, sans aller se perdre dans les abysses, incomplètement immergés, avec ce quatrième quart qui perce la surface, comme on a dit. Oui, mais allez-vous-en les haler dans cette position verticale. Ce n'est pas possible, et pour coucher les boosters, voici comment on s'y prend.

On envoie les plongeurs.

En tenue moulante noire, ils montent dans des canaux pneumatiques, s'approchent un peu plus de la bête, et basculent dans l'eau, hop, la tête la première, avec leur bouteille et tutti quanti. Et ils s'en vont par une grosse trentaine de mètres de fond obturer la tuyère du booster. Par un système de pompe, on le purge de son eau de mer. Le booster, allégé, remonte et se couche, flottant là, à l'horizontale, relativement aisé alors à remorquer.

Reste à nos plongeurs à le fixer au treuil. Dont acte. Ils travaillent d'autant plus sereinement à proximité de la coque que le système de navigation à hélices, auquel l'une comme l'autre de ces embarcations ont couramment recours, est ponctuellement relayé alors par un propulseur à eau. Ce propulseur, conçu, à l'origine, pour pouvoir naviguer dans les eaux de la Banana River sans risquer de déchiqueter les corps de nos lamantins, pauvres nounours, qui évoluent placidement là-dessous avec leur bonne grosse mine de peluches et leurs bourrelets, permet ici à nos hommes d'opérer sans risque, le corps à l'abri du carnage, et les idées claires.

Les plongeurs finissent d'attacher les câbles, et chacun de nos deux bateaux, le *Freedom Star* et le *Liberty Star*, fendant soigneusement les flots gris, tire son booster, collé à son flanc, vers Port Canaveral.

16

Atlantis, Negative return, annonce Willmore.

Ne paniquons pas. Ce que cela signifie ? À partir de ce point, il est trop tard pour que la navette fasse demi-tour pour un atterrissage d'urgence au Kennedy Space Center.

Nous en sommes à la quatrième minute de vol. La vitesse ne cesse d'augmenter. Trente secondes plus tard, on avance à 8 850 km/h, et dans les quatre minutes suivantes c'est un chiffre qu'on va tripler pour atteindre la vitesse orbitale de plus de 28 000 km/h. Je peux vous dire qu'on ne moufte pas, dans la navette, non, ça ne viendrait à l'idée de personne de faire le malin.

Tous les quatre, bien ficelés sur leur siège, tendus et concentrés, muets, juste soumis à la violence du réel, ils encaissent, courageux, professionnels, et puisqu'il faut en passer par là. Sérieux comme des papes.

Le silence dans lequel ils se tiennent est tel que soudain, on n'entend plus que ça, ce silence. Eux-mêmes s'en aperçoivent. Je ne me souviens pas d'un lancement aussi silencieux, lance Fergie. Moi si, contredit Doug. Moi pareil, dit Rex – *Yeah*, ouais, confirme simplement Sandra. Et ils restent dans ce silence, parfois troué par une phrase laconique que l'un ou l'autre prononce, ou par une consigne de Willmore.

À huit minutes trente, on coupe les trois moteurs principaux. Encore quelques secondes, et on largue le réservoir externe, désormais vide, dont la grosse drupe orange se désintégrera en rentrant dans l'atmosphère.

Ça y est. La navette est en orbite. Nous voici en impesanteur.

Il n'y a rien de spectaculaire, à ce stade. Rien de très perceptible, peu d'indices, pas de signes extérieurs très nets, puisque tous sont sanglés dans leur siège. Une languette (follette, et profitant des circonstances) qui se relève sur la combinaison de Doug, peut-être, et encore, il faut vraiment avoir l'œil.

Claudie Haigneré, lorsque je l'ai rencontrée, un matin de printemps, dans un bureau de l'Agence spatiale européenne où elle se tenait assise à contre-jour, droite, la silhouette sportive, le geste précis, le corps bien réhabitué aux conditions de la vie sur Terre, à cette mécanique contrainte (m'expliquait-elle), où vous devez demeurer dans votre polygone de sustentation pour ne pas tomber (chacune, nous y demeurions), tandis que sa présence charriait pour moi la mémoire de ses voyages vers la Station Mir, puis vers la Station spatiale internationale, où elle avait éprouvé le bonheur de l'impesanteur (elle regrettait les sensations que lui avait procurées la douce adaptation de son schéma moteur à ce monde nouveau dans lequel on profite des trois dimensions pour se mouvoir sans contraction tonique des muscles, par une harmonieuse propulsion), mémoire qui, forcément, l'enveloppait à mes yeux de cette aura qui entoure nécessairement le corps de qui est allé dans l'espace, et devant lequel notre pratique exclusive (et pour ainsi dire bornée) des lois de la gravité paraît bien fruste ; Claudie Haigneré, donc, m'a raconté que, dans le Soyouz où elle avait volé, on avait l'habitude de suspendre un objet au bout d'un fil, lequel servait précisément de témoin de l'entrée en microgravité. Aussitôt il se soulevait, on savait qu'on y était.

Rex regarde ses petits classeurs. Il enlève ses gants. Sandra aussi, et puis elle ôte son casque, en utilisant une technique un peu particulière. On pourrait appeler ça le coup du sac, et c'est une procédure rendue nécessaire à la fois par l'étroitesse des lieux et par la microgravité, avec laquelle on commence à composer. Au lieu de s'en défaire puis de le fourrer dans sa housse, ce que vous auriez peut-être fait spontanément, mais qui, là-haut, réclamerait une patience infinie, car le sac, hélas, ne présenterait pas du tout son ouverture comme il faut, se gondolant, rétif, indiscipliné, indifférent à remplir son office, ondulant sans se soucier de rien dans votre main impuissante (l'autre étant occupée à tenir le casque), on commence par enrober le casque (qu'on a toujours sur la tête, si vous me suivez bien) de ce sac noir, qui, c'est vrai, au début, flotte légèrement, comme un genre d'algue ou de corail très mou, mais qui se laisse faire par vos deux mains qui en étirent l'entrée, puis le déroulent en coiffe ; et ensuite seulement on retire le casque, déjà rangé, ainsi, dans son étui. Tout a l'air de se passer à merveille, et Sandra apparaît les cheveux attachés.

Voici alors qu'elle dégrafe ses sangles et se lève. Son corps part légèrement en arrière, avec une souplesse aérienne, une facilité que vous ne lui verriez pas sur Terre, mais dont l'effet est amoindri par le volume étriqué et contraint à l'intérieur duquel elle se meut. Il lui faut se rendre à la gauche de Rex. Bon. Ça ressemble à un sketch. Elle essaye d'abord de passer devant lui, mais je crois que ça ne va pas être possible. Rex, gêné, attrape la main de Sandra, la repousse un peu, l'habitacle est vraiment minuscule. *Sandy, take your time, take your time*, prends donc ton temps. Elle tente de procéder autrement, voyons voir. Elle recule à peine puis passe au-dessus de Rex, qui accepte de se pencher un peu en avant, comme pour se plier à un genre de saute-mouton. Elle le survole, voyez, tout son corps en arc de cercle, plutôt comme un dauphin qui bondirait au ralenti, en suivant le même type de courbe. Ça lui bouscule un peu le casque, à Rex, mais il le remet en place sans se plaindre.

Avec les trois autres toujours retenus à leur siège, et à cause de la densité d'occupation du cockpit, on demeure dans des sortes de prémices, petites répétitions timides, discrètes, de ce que ça va être par la suite, d'évoluer librement en impesanteur sur la Station. Mais on aura tout de même assisté à cette première démonstration du changement des lois physiques. Et Sandra continue d'illustrer les possibilités neuves qui s'offrent à elle puisqu'elle profite de ce que son corps est devenu tout léger pour, après avoir attrapé l'appareil photo, entamer un mouvement de salto arrière, qu'elle interrompt à mi-parcours pour demeurer, de pleines minutes encore, dans cette position, les pieds groupés, sur le dos, ne reposant sur rien, non, comme en lévitation, avec pour mission de prendre des images du réservoir orange qui dégringole derrière le hublot du plafond. L'océan, au loin, est si bleu, à peine tacheté de nuages, et l'horizon, baigné de sa fine couche d'atmosphère, s'est arrondi, oui, regardez la belle courbe toute neuve de l'horizon.

Des alarmes stridentes, pénibles, vont de nouveau nous donner des frissons. On se dira une fois encore qu'il ne faut pas en tenir compte, et on se contentera de leur couper le sifflet, en espérant qu'on a raison.

Sandra restera stoïquement sur le dos, à flotter en faisant ses photos.

Rex qui, déjà lorsque Sandra s'était levée, s'était dit qu'il avait une petite soif (il y a bien de quoi avoir la gorge sèche, avec tout ça) et avait sorti une pochette argentée qu'il avait commencé à boire à la paille, avant de la ranger, tapote l'épaule de Doug pour lui proposer de l'eau, mais il semble que Doug ne sente rien. Alors il l'appelle au micro, d'une voix chantonnante, presque publicitaire, puis lui tend la pochette argentée comme si c'était une fiole de whisky. Doug presse la pochette, aspire, puis la rend à Rex sans se retourner, juste sa main gauche en arrière. Rex la récupère, ainsi que le casque de Fergie, lequel vient à son tour de l'enlever et le lui tend, enveloppé dans son sac sombre que Rex cale à sa gauche tout en rangeant la pochette d'eau dans sa poche droite, fastoche.

L'alarme en profite pour rappeler que tout n'est pas si simple, elle sonne encore, plus rapide, on dirait, plus insistante, plus longue. Doug l'arrête d'un doigt, mais ça met un peu les foies, et Rex se reprend une petite goutte, histoire d'imbiber ses muqueuses que le stress semble vite assécher. Il ne reste plus grand-chose, au fond de la pochette, et Rex en enroule le bas sur lui-même pour chasser le fond de liquide vers l'embout de la paille (une paille moulée dans la continuité de la poche, voyez), comme nous pouvons le faire couramment, pour notre part, avec un tube de dentifrice (ou, pour les amateurs, de harissa).

C'est à Doug, à présent, je vous raconte les choses par le menu, d'enlever son casque. Selon une technique désormais éprouvée, il déploie la housse qui ondule souplement dans l'habitacle, comme un gros nénuphar noir qui s'ouvrirait dans l'eau, et l'enfile sur sa tête encore casquée, du mieux qu'il peut. On le sent concentré sur la lente adaptation de tout son corps aux conditions nouvelles, et sur la scrupuleuse application du protocole – une somme de petits gestes, que la microgravité ne rend pas toujours aisés, mais qui, additionnés, permettent d'accomplir sa mission.

Doug dégrafe son casque maintenant bien enveloppé par le sac, et Rex propose aimablement de le lui tenir pendant qu'il se débarrasse de son *Snoopy Cap* et détache les derniers trucs, Doug qui galère un peu avec le câble audio de sa cagoule, ben merde, comment ça marche ce machin-là. Allons bon, il baisse le menton pour essayer de voir, manipule des fils et des embouts. Fergie, tendant son bras droit vers lui, s'offre à son tour de l'aider. Rex donne un coup de main à propos d'une partie du cordon qui pendouille dans son dos, à trois, on devrait s'en sortir. Il se sent un peu gêné, Doug, jusque-là il a assuré question pilotage et gestion des alarmes, et puis quoi, un détail, pour ainsi dire, vestimentaire, et c'est la Bérézina. Ça dure un temps infini, comparativement au reste, un temps pendant lequel Rex doit deviner que la panique monte dans le cœur de son collègue et, décidément préposé aux phrases apaisantes, lui glisse un « Prends ton temps ». Rex, plein de tact, voyez, et de psychologie, qui patiente, bienveillant, en continuant à tenir le casque ; et notre Doug, pas fiérot, un joli sourire navré éclairant son visage poupin, s'emmêle encore, et est-ce que cela ne nous renvoie pas à l'enfance, quand s'habiller était si compliqué. Ah, ça y est, il comprend, avant de le connecter au boîtier de commande radio, fixé sur son torse, Drew (vous savez, le n° 3) a dû passer le câble en boucle autour de sa bretelle de harnais pour éviter qu'il ne s'accroche en flottant, oui, c'est ça, et voilà, il attrape l'extrémité de ce foutu cordon, et il le dénoue pour le passer à Rex, qui le range dans le sac avec le casque. Côté Doug, il reste un truc à revisser, mais il a l'air de maîtriser, voilà, et puis un autre bidule, c'est quoi encore, ça, ah oui, d'accord, il met son microphone en position, l'oreillette, tout ça. Il fait un petit essai son, on est paré pour continuer.

17

Il aura fallu moins de neuf minutes pour atteindre la microgravité, mais nous aurons besoin de deux jours pour rejoindre la Station spatiale internationale. Ce n'est pas qu'elle soit très éloignée, non (en vérité, imaginez à peu près un Paris-Rennes, si ça ne démythifie pas trop le voyage spatial), mais il y a un certain nombre de tâches qu'il faut accomplir au préalable. On s'habitue à l'impesanteur, on vous fait des petites corrections d'orbite, on s'ajuste, avant l'arrimage, qu'il faudra opérer manuellement.

Je vous propose de courir un peu la poste, pour une fois, et de vous raconter tout ça assez rapidement, ce vol de navette, parce qu'on a hâte, je pense, d'arriver sur la Station.

Pour commencer, on fait un peu de place, on enlève les sièges du fond, celui de Sandra et celui de

Rex. En vérité, la microgravité entraîne une modification de la réponse des otolithes ; autrement dit, votre oreille interne en prend un coup, et ce seul geste de ranger les sièges peut vous donner le mal de l'espace. Mais on vous aura donné des antiémétiques (du Phénergan, je pense), si bien que vous vous en sortirez. On se débarrasse des combinaisons encombrantes pour enfiler polo et pantalon, voilà, on est quand même beaucoup plus à l'aise. Ça commence à ressembler à quelque chose. On travaille sur les données informatiques, on vérifie que le bras robotique fonctionne bien, parce qu'on en aura besoin le lendemain, on examine les vitres de la navette : rien à signaler. Tant mieux.

Quand on se rend sur le pont intermédiaire, ou *middeck*, situé sous la cabine de pilotage, on peut profiter du coin cuisine (les toilettes ? À droite de l'écoutille). On trouvera donc le temps, dans tout ça, de se prendre un petit dîner, sur le pouce, oh, rien de très gastronomique, vous vous en doutez, et toujours ces pochettes que vous avez aperçues et qu'on aspire à la paille, une paille moulée, indissociable, et dont il faut ouvrir le capuchon, un peu, hélas, comme les poches qui contiennent les liquides qu'on vous perfuse dans les hôpitaux.

Ce sera notre premier repas dans l'espace, et on se sentira loin, alors, des restaurants de Floride où il leur arrivait d'aller tous les quatre, à proximité du Kennedy Space Center. Les sorties au *Fish Lips*, souvenez-vous, du temps où on marchait encore sous les palmiers, sur le sol bien stable où le soleil vous peignait des ombres de plus en plus longues pour vous inviter à aller dîner. Le macadam des trottoirs répondait bien sous la semelle, il la repoussait presque, et dans tout le corps on éprouvait entrain, énergie, la joie simple d'une petite soirée sur Terre. On laissait la journée bien remplie derrière soi et on s'abandonnait au bonheur tranquille des parasols colorés, déployés sur la terrasse (des jaunes, des verts, des bleus, des blancs), devant l'eau où barbotaient les yachts, quand ce n'étaient pas de longs paquebots qui passaient avec lenteur à l'horizon. Ou bien on s'installait à l'intérieur, oui, quand on se payait le luxe de trouver que dehors il faisait frisquet (ah, l'enchantement rétrospectif que c'était, de se frotter les bras dans l'air frais et la brise). Dans la décoration simple du *Fish Lips* (sol dallé, murs en frisette étoilés de publicités au graphisme ancien vantant des alcools, baies vitrées), on mangeait des burgers, des crevettes, et quoi encore, du poulet. Le lundi, c'était crabe à volonté.

Vers 20 heures, on se sera mis au lit. Chacun dans son compartiment de repos. Bien sûr, là-haut, dormir n'implique plus aucune idée d'horizontalité. Votre sac de couchage est suspendu, bien fixé pour que pendant votre sommeil vous ne vous en alliez pas flotter ici ou là, dérivant vers vos camarades ou vous cognant contre le premier obstacle venu. Vous vous introduisez dedans, il y a des emmanchures pour les bras, c'est bien, une capuche, voilà, vous remontez la fermeture éclair.

C'est avec un peu d'appréhension que chacun s'y glisse, ce soir, parce que ce n'est pas si simple de s'endormir sans la gravité. Nous, modestes Terriens, nous utilisons couramment cette expression, « tomber de sommeil », et ne nous est-il pas agréable de sentir notre corps s'enfoncer dans le matelas où bientôt nous nous laissons sombrer ? En orbite, où rien ne pèse, tous les repères sont chamboulés. Et on peut bien, le corps trop léger, et plus rien pour le soutenir, lutter longtemps, surtout les premières nuits, contre l'insomnie.

Sandra, en tout cas, se débrouille mieux que les autres et, je tiens cette information de Fergie, s'endort presque aussitôt. Sa respiration régulière le prouve, tandis que les trois autres semblent avoir plus de mal à trouver le passage vers le monde chaotique des rêves.

Réveil à 4 heures du matin, et je vous résume les missions de cette deuxième journée de vol. L'essentiel, pour les heures à venir, c'est d'inspecter la protection thermique, pour s'assurer qu'elle n'a pas été endommagée pendant le lancement. Sandra, Fergie et Doug actionnent le bras robotique et prennent des images du nez de la navette, de l'aile gauche et du bouclier, lesquelles sont transmises au sol pour y être analysées. Tout se déroule très bien, merci. Le *CapCom* qui depuis Houston suit cet examen attentif, aujourd'hui, c'est Stephen Robinson, Hello Stephen, dont on a déjà dit deux mots. Pour gagner du temps, on n'a pas fait de pause repas à proprement parler, on a préféré manger en continuant à travailler. Et Rex ? Oh, il s'est occupé de mettre un peu d'ordre dans le *middeck*. Puis, tandis que Sandra et Fergie fixent une caméra à l'écoutille, laquelle aidera à s'aligner sur la Station, Rex vérifie avec Doug (notre pilote porte, tenez, un joli pull camionneur bleu pétrole, qui donne une impression douillette et confortable) les instruments qui serviront demain à s'y arrimer. Au sol, Kwatsi Alibaruho, directeur de vol, est très satisfait du déroulement de cette journée. Et à 18 h 30, dodo.

Nous voici le 10 juillet, date à laquelle nous devrions débarquer sur la Station.

C'est un dimanche, et la journée n'a pas trop bien commencé.

À peine était-on levé que, mauvaise nouvelle, l'un des quatre ordinateurs est tombé en panne. Stephen Robinson, fidèle au poste, a voulu se montrer rassurant en rappelant que la chose était déjà arrivée sur une autre mission, la STS-122, et avait été, à l'époque, parfaitement résolue. Hum, Robinson, on l'entend tout à coup, c'est un drôle de nom pour un *CapCom*, et on ne voudrait pas se retrouver échoué sur une planète déserte, à devoir se bricoler une cabane, avec quoi grands dieux. Fergie a répondu à Stephen (on va plutôt l'appeler par son prénom) que Rex venait justement de lui parler de cette panne ancienne, et il n'en a pas fallu plus pour que tout le monde plaisante sur le fait que Rex, c'est vrai, était aussi là sur cette mission STS-122 sur laquelle cette panne s'était produite, alors, de là à penser que… Dis donc, Rex, tu porterais pas un peu la poisse, ont-ils laissé entendre en gloussant.

Plus sérieusement, on devrait pouvoir régler le problème. Espérons.

L'autre point noir, c'est cette rumeur, ce bruit qui court, cette prévision peu encourageante, selon laquelle il n'est pas impossible qu'un débris en perdition (morceau d'un vieux satellite russe, le Cosmos 375, très exactement) croise le chemin de la Station internationale d'ici quarante-huit heures.

On aimerait mieux pas.

Les conséquences d'un impact pourraient être très graves. D'autant que, si on compte bien, mardi qui vient, c'est justement le jour où est programmée une sortie extravéhiculaire.

Au sujet de la trajectoire de ce débris, on devrait en savoir plus demain.

On prend sur soi. Courage, pensons à la joie d'arriver à bon port et de débarquer sur la Station.

Elle est en vue, derrière nos hublots, mais il faut d'abord que l'équipage qui y réside prenne des images complémentaires de la navette, toujours dans l'idée de traquer d'éventuels dommages créés par le lancement. C'est une étape qui ne manque pas de sel. Il est 9 h 6, et Fergie fait effectuer à son véhicule un *loop*, ou un genre de *back flip*, disons, quelque chose comme un demi-saut périlleux arrière, pour qu'il présente son bouclier thermique aux objectifs de Mike (celui, vous savez, qui, pendant le lancement, se sent dans les entrailles d'une bête sauvage, ou lui-même comme un chien ébouillanté), de Sergueï et de Satoshi, que nous allons tous trois bientôt serrer dans nos bras. Ils se tiennent derrière le hublot du segment russe de la Station (soit le module Zvezda), et chacun travaille avec une focale différente. Comptez quatre-vingt-dix secondes de mitraillage photographique, pendant lesquelles Atlantis est comme un gros chat ou un chien qui s'est renversé sur le dos et qui montre son poitrail pour qu'on le caresse. Et les objectifs de nos trois photographes parcourent le ventre argenté de la navette offerte, passive et impudique, sur le fond moelleux de nuages blancs contre lequel elle se détache comme sur les plis d'un drap.

Allez, ça suffit comme ça. Fergie manœuvre de sorte qu'on se trouve à 310 pieds de la Station, puis ralentit pour rendre l'arrimage possible.

À 10 h 7, c'est chose faite. On confirme par radio à Houston : *Capture is confirmed*. Pas de précipitation, il faut d'abord vérifier que l'arrimage est étanche. Pas de fuites ? Parfait. À 11 h 47, Mesdames, Messieurs, on est en mesure d'ouvrir les deux écoutilles, celle de la navette et celle de la Station.

Ils sont là, au complet, pour les accueillir, ceux de l'expédition 28, comme on les appelle, et qu'on va apprendre à connaître, Mike Fossum, donc, Satoshi Furukawa (chirurgien, à l'origine, et dont c'est la première mission), Sergueï Volkov (lui-même fils de cosmonaute, et le plus jeune de tous, plutôt émacié), Ron Garan, qu'on croisera souvent, Alexander Samokutyaev, que tout le monde ici appelle Sacha, et qui vous regarde toujours avec un sourire en coin, les sourcils relevés dans une indéniable allure d'accents circonflexes au-dessus de ses petits yeux bleus mangés par ses pommettes. Avec Andreï Borisenko, le commandant (oreilles menues, et quelque chose, dans le visage, de mobile et d'insaisissable), ça fait six. Andreï (sa femme s'appelle Zoya, son fils, Ivan, son père aussi se nomme Ivan, sa mère, Natalia, sa fille, je ne sais pas) est responsable en particulier d'une expérience russe, baptisée *Kulonovskyi Kristall*, qui porte sur le comportement dans l'espace de macroparticules chargées évoluant dans un champ magnétique, pourquoi pas. Il participe également, avec Mike, Satoshi et Ron, à une étude sur le fonctionnement immunitaire dans l'espace, et à ce titre tous les quatre font couramment des prélèvements de sang et de salive pour voir où les choses en sont. Mais n'entrons pas trop dans les détails, car voici nos astronautes.

Fergie entre le premier, et le premier à le serrer dans ses bras, c'est Andreï. Doug entre à son tour, suivi de Rex, puis de Sandra. On fête les nouveaux venus. N'apportent-ils pas, dans la soute de leur navette, un chargement précieux ? De quoi tenir toute une année en nourriture, pensez, sans compter les équipements techniques. Et puis il n'y a pas que ça. Ce sont des oreilles neuves dans lesquelles on va pouvoir fourrer ses plaisanteries. La promesse de nouvelles histoires à entendre, aussi. Un renouvellement des conversations (on commençait un peu à tourner en rond, tous les six), d'autres visages, d'autres présences, et plus largement, avec cette nouvelle donne, une reconfiguration du jeu fluctuant des relations.

Ceux de la Station se sont mis sur leur trente et un, tous en polo foncé à manches longues et col blanc, dans un bel effet d'ensemble, et vous diriez un corps de ballet accueillant nos quatre personnages, qui, eux, se sont habillés comme ça leur est venu, et distribuent çà et là des touches bleu Nattier, bleu de nuit, azur, beige et cerise, qui ne cessent de se déplacer dans le tableau.

On se fait des *hugs*, et ce sont là des êtres en chaussettes qui se congratulent avec des gestes élastiques, dans des embrassades joyeuses et lentes. Hourra, pour l'impesanteur, on y est en plein, les corps flottent et s'étreignent, et c'est très joli, cette chorégraphie d'étreintes flottantes, souples et légères. Il règne dans tout cela quelque chose d'infiniment harmonieux, de presque idéal, une vision idyllique de ce que ça peut être, des retrouvailles, à se saluer comme ça, en bondissant, les pieds nus dans la laine, tout simplement, dans ces mouvements fluides des corps.

Le corps de Sandra contre celui d'Andreï, puis celui de Mike, puis celui de Sasha, et parfois un geste involontaire et maladroit, une bouche qui frôle un cou, une erreur furtive, délicieuse et gênée. Une propulsion trop rapide, par laquelle on se heurte à l'autre, ce n'était pas ce qu'on voulait, et puis on se reprend, on calcule mieux son appui, on réapprend à mesurer sa poussée. Et Sandra salue Sergueï, et cela tourne encore, ce manège des *hugs*, nos quatre astronautes projetés d'un corps à l'autre, et ceux de la Station qui tantôt attendent leur tour, tantôt se jettent délicatement dans une embrassade.

Cette lenteur obligée, qui innerve chacun de leurs déplacements, diffuse à la scène un charme propre. On s'étreint dans une jovialité alanguie, une indolence enjouée, une euphorie toute douce ; on fait un usage épanoui des règles folles, grisantes, un chouïa hallucinatoires, de la microgravité, où chacun semble rebondir sur le même trampoline. On est dans un accord suave et gracieux, on a une manière souple et allègre d'être là. Il y a là quelque chose d'absolument lyrique, et c'est comme ces moments, dans les films, vous savez, où on atteint un point d'épiphanie, et où soudain on échappe à la vitesse réaliste du monde pour distendre l'instant dans le déploiement somptueux et féerique des actions filmées au ralenti.

18

La Station, petit prodige construit à force de sorties dans l'espace, et qui n'a cessé de s'agrandir, dépasse désormais, pour reprendre une expression de l'un des directeurs de vol, un certain Chris Edelen, la superficie d'un terrain de football.

Ça reste un peu rikiki, je vous l'accorde, surtout pour ceux qui viennent y vivre des mois. L'extérieur a son élégance, avec ses panneaux solaires pivotants, évidemment bardés de cellules photovoltaïques, fixés sur sa longue poutre, et son architecture singulière tournant dans le grand vide ; l'intérieur est tout à fait ascétique. Ne cherchez pas de décoration, mis à part, ici ou là, quelques écussons de mission, voire un drapeau miniature suspendu dans une pochette plastifiée. Ce ne sont que parois ivoire, auxquelles sont accrochés toutes sortes de matériels, les uns encore empaquetés, les autres à découvert, tels ces ordinateurs portables, dont les mâchoires ouvertes scandent votre parcours. Une série de couloirs, pour ainsi dire, des boyaux blancs au creux desquels vous évoluez comme un têtard, en ondulant.

Mais nos quatre amis ne sont là que pour une dizaine de jours, et il s'agit juste d'en profiter.

Je vous fais d'abord visiter?

Là où nous sommes arrivés, là où nous nous sommes pris dans les bras lors de cet accueil lyrique, bondissant et tout doux, c'est le module Harmony, qui se situe à l'une des extrémités de la Station. À votre gauche, vous pouvez vous engager dans Columbus, qui renferme les laboratoires européens, et à votre droite, dans Kibo, la partie japonaise de la Station, celle dans laquelle Satoshi mène une partie de ses expériences. Si vous continuez plutôt tout droit, vous arrivez dans les laboratoires de Destiny. Vous avez là, en particulier, des fours où vous pouvez chauffer votre nourriture. Le bras robotique Canadarm 2, dont on aura aujourd'hui même l'occasion de se servir, loge alors à votre droite. Face à vous, le module Unity, dont vous pouvez utiliser la table pour vos repas. À main droite, vous vous engouffrez dans le module Tranquillity. Vous profiterez de son tapis de course, qui vous permettra de faire régulièrement de l'exercice, car en l'absence de gravité vos muscles, qui n'ont plus à vous porter, fondent à vue d'œil. On désigne entre soi cette perte musculaire très apparente sous l'expression de « jambes de poulet », ce qui laisse aussi imaginer, je ne peux pas m'empêcher d'y penser, que si nous partons un jour nous installer dans une autre planète régie par une gravité très inférieure à la nôtre, c'est toute notre espèce qui, au bout de quelques générations, se caractérisera par ces fameuses jambes de poulet, et regardera d'un œil rêveur les images numériques (s'ils sont parvenus à les conserver) de leurs ancêtres (nous, au fond), leur trouvant une allure massive (ce côté terrien, grossier, qu'à leurs yeux nous aurons, nos guiboles larges, et parfois arquées, cette façon dont nous nous tenons, les pieds un peu écartés, pour assurer notre station debout), en profitant sans doute pour y voir la raison de nos limites (nous vivions dans un monde bien attardé au regard de l'univers dans lequel désormais ils évoluent), d'autant qu'un autre effet de la vie en impesanteur est le gonflement du visage, si bien qu'ils afficheront (pour le coup, je disais têtards, nous n'étions pas loin) non seulement ces très fines gambettes mais une tête plus grosse que la nôtre, et dont la dimension raffermira leur certitude quant à la supériorité de leur intelligence. Mais chassons cette idée.

À main gauche (nous sommes toujours dans Unity), vous attend le sas Quest, par lequel vous passerez si vous êtes l'heureux élu d'une sortie extravéhiculaire. Je vous propose de faire à présent un petit tour dans la partie russe, puisque voici, en face de vous, le module Zvezda, dans lequel figurent également des fours et une table, ainsi, c'est toujours bon à savoir, que les toilettes (vous disposez aussi d'un cabinet d'aisance dans le segment américain). Si vous poursuivez tout droit, vous débouchez dans le module Zarya, le plus ancien. Et vous voilà parvenus ainsi à l'autre extrémité de la Station.

L'astronaute Dan Tani affirme qu'on peut s'y perdre, et qu'il lui est arrivé d'y chercher son chemin. Je vous laisse juges.

Et où dort-on? Notre quatuor passera ses nuits dans la navette. Pour ce qui est des membres de l'équipage de la Station, qui habitent ici pour plusieurs mois, il existe des chambres, si on peut utiliser ce mot pour qualifier ces réduits, pas beaucoup plus grands, au vrai, que le caisson à oxygène de Michael Jackson (pourquoi est-ce que je pense à Michael Jackson), et distribués en croix, voyez, une à gauche, une à droite, une en haut, une en bas, mais de sorte aussi que le bas et le haut n'ont plus de sens ici, même si on continue d'appeler plancher certaines parois (celles, c'est tout bête, qui regardent vers la Terre) et plafond d'autres (tournées quant à elles vers les profondeurs zénithales), histoire de s'y reconnaître.

Pour vous insérer dans le volume rectangle qui vous revient, vous présentez vos pieds, un peu groupé sur vous-même, d'abord, et puis vous dépliez vos jambes de manière à vous y tenir dans le sens de la longueur. C'est comme une boîte, au fond, et vous voici chez vous, dans ce minuscule espace privé qu'on ne peut donc même pas désigner sous le terme de chambre, au vu de son étroitesse (placard, peut-être ? – cabine serait sans doute plus juste), mais que vous vous obstinez à nommer par-devers vous votre chambre, parce que ce mot éveille dans votre esprit une illusion de confort dont vous avez bien besoin pour vous sentir moins démuni au creux de l'allure stricte et nue de cet assemblage de modules tournant dans le vide.

Dans votre chambre, donc, puisque vous persistez à l'appeler votre chambre, vous avez le droit, dans des limites très strictes de volume et de poids, d'apporter quelques affaires personnelles pour tenter d'y reconstruire votre petit monde. Votre ordinateur portable, quelques images, et quoi d'autre, là où vous avez juste la place de vous tenir debout, avec derrière vous, qui ballotte, votre sac de couchage vert amande, pourvu de sa capuche. Entrons dans celle de Mike, par exemple. Au mur, vous avisez des photos de famille, dont celle-ci, tenez, toute récente, d'un bébé, car Mike, figurez-vous, est déjà grand-père. Si vous lui posez la question, il vous dira qu'à ses yeux c'est très important, cet endroit à soi sur la Station, pour se retrouver, tenter de se recomposer, renouer avec le cœur intime de soi-même. S'installer dans ce décor, devant son ordinateur, et envoyer des mails à ses proches, ou charger les photos qu'il a prises depuis la Station, les classer, faire ses petits fichiers : tout ça l'occupe d'une manière plaisante.

Un détail que vous aurez peut-être remarqué : ce cordon élastique dont Mike s'entoure alors les hanches. Il faut dire que quand on se tient debout comme ça, les mains sur le clavier, la légère pression de vos doigts sur les touches suffit à faire remonter votre corps. Ce n'est pas bien pratique, et pour contrer cet effet vous avez une barre sous laquelle vous pouvez coincer vos pieds. Mais Mike trouvait ça fatigant, de s'arc-bouter sur ce seul appui, quand on reste un peu longtemps devant l'écran. Alors sa femme, Melanie, a eu une idée. Pourquoi tu ne fixerais pas une cordelette à ces rails ? Tu pourrais t'en ceindre la taille. Et c'est ce qu'il fait, Mike, il trouve ça bien plus commode, et chaque fois qu'il se harnache il a une pensée pour Melanie.

Avec votre ordinateur (lequel contient aussi vos musiques et vos livres), vous pouvez même, un casque sur la tête, donner un ou deux coups de fil avant de vous coucher. Cela doit rendre la séparation moins difficile que du temps où, sur Mir, par exemple, les contacts avec les proches étaient beaucoup plus épisodiques. La banalisation des conversations ne doit rien enlever pourtant à leur part surréelle. Imaginons, vous êtes dans votre salon, le téléphone sonne, et c'est votre compagnon, ou votre compagne, qui vous appelle depuis la Station. Ah, bonjour, chéri(e), comment tu vas ? Tu as bien travaillé sur la Station aujourd'hui ?

Tant mieux. Moi, ça va, deux trois petits moments un peu pénibles au bureau, mais rien de bien grave – dans l'ensemble, je ne peux pas me plaindre. Oui, toi aussi, tu me manques. Bisous, bisous.

Mais tout ça, alors que votre interlocuteur est en orbite, son corps perdu tout là-haut, répondant à d'autres règles que le vôtre, ondulant sans lest, n'ayant plus de sens du haut et du bas, tournoyant autour de nous à la merci du moindre météorite qui passe, du moindre débris spatial qui trouerait une paroi et vous dépressuriserait tout ça en moins de deux, mes aïeux, mes aïeux.

Mais Melanie a dû composer avec ça, diluer sa peur avec sa fierté, je ne sais pas. Derrière Mike pend son sac de couchage, vert anis (j'ai dit amande, tout à l'heure, mais c'est plus proche d'anis, peut-être), dans lequel le soir il se glisse. Il prend soin de l'attacher bien serré, tout contre les parois, parce qu'il a besoin de se sentir retenu, et que le mur, dans son dos, lui donne une sensation analogue à celle d'un sommier. Il est comme ça, Mike, il voudrait que, dans sa chambrette, tout ressemble le plus possible aux conditions sur Terre, pour que, les yeux fermés, il puisse s'imaginer de retour à la maison.

Claudie Haigneré me disait, ce même matin de printemps où j'étais venue la voir, qu'elle ne parvenait pas à s'endormir, sur Mir, puis dans les prémices de la Station, sans contact : il lui fallait sentir la toile molletonnée du sac contre elle, et à cet effet elle s'y lovait en chien de fusil. Beaucoup le font, je crois, mais chacun a sa méthode, et l'astronaute italienne Samantha Cristoforetti (que j'ai aussi eu la chance de rencontrer, je vous raconte ça dans le prochain chapitre) vous expliquera que c'est un bonheur, pour elle, de flotter quand elle s'endort.

Comme quoi.

Mais ce n'est pas l'heure de dormir encore, pas plus que de s'abandonner à la joie de se retrouver tous ensemble. Au travail.

Pendant que Ron et Satoshi gèrent le bras robotique de la Station (Canadarm 2, qui vous a rapidement été présenté), Fergie et Doug actionnent celui de la navette (qui, lui, s'appelle tout simplement Canadarm). Megan, au sol, les félicite (je pense que c'est la voix de Megan).

On pensait devoir approfondir l'inspection du bouclier thermique de la navette, mais il semble que Houston, à l'analyse des images déjà faites, n'ait rien trouvé d'inquiétant. Pas rien de rien, hein, on a tout de même identifié cinq petits points d'impact, mais quatre d'entre eux paraissent vraiment négligeables. Quant au cinquième, un chouïa plus étendu, il ne présente, semble-t-il, aucun caractère de gravité. Espérons.

Les heures passent vite, et à 17 h 59, il sera temps d'aller au lit. Mais minute, on ne voudrait pas terminer cette première journée sur la Station sans être allé voir la coupole.

Parce que vous ne m'avez pas encore laissé le temps de vous parler de la coupole.

Représentez-vous un dôme hexagonal, dont la structure est en aluminium, et dont les six fenêtres, en trapèzes, courent autour d'un hublot central. La conception en est italienne, et il y a là quelque chose, est-ce à cause de cette forme de dôme, de cette perfection dans la géométrie (comme aussi de ces fresques de ciel), qui y respire les architectures Renaissance. Venue s'adjoindre récemment au module Tranquillity, elle n'était pas encore construite lors du dernier séjour de Sandra, et on devine sa hâte de la découvrir.

C'est un endroit privilégié pour regarder la planète dont on vient, pleine et ronde ; et Sandra est frappée par la minceur de la couche d'atmosphère qui nous enveloppe, elle s'émeut de la sensation de fragilité qui s'en dégage. Fergie lui aussi, notez bien, se sent fondre devant cette toute petite couche, si fine qu'elle vous serre le cœur. Il la considère, attendri, et il ne serait pas excessif de dire que, quand il l'embrasse dans le faisceau de son regard, ce qu'il éprouve pour elle, c'est de l'affection.

Comme d'autres avant lui, Fergie s'extasie également de ce qu'on voit défiler les océans et les continents, comme enfant sur les mappemondes qu'on faisait tourner du doigt, mais sans frontières apparentes. Qu'il n'y ait plus ces pointillés qui signifiaient leur tracé est une chose qui peut laisser rêveur.

Et puis son regard se tourne vers la silhouette plus proche de la navette, dont il constate qu'on la voit bien depuis la coupole. Son gros corps blanc l'apaise, car est-ce qu'il ne contient pas la promesse du retour?

Sergueï a une vision des choses un peu plus sombre et tourmentée, sacré Sergueï. À voir la Terre au-dessous de lui, il se laisse chaque fois submerger par ce sentiment très fort qu'elle contient toute la vie, condensée là, dans cette boule, tandis qu'au-dessus de lui il n'y a rien. Au-dessus, c'est le noir complet. Et tout ce noir est du néant (son côté dostoïevskien).

Mike, plus concret, vient fréquemment y prendre des photos, et, son appareil à la main, il scrute le dehors d'un air interrogateur à travers la vitre en se posant des problèmes d'exposition, surtout pour les prises de vue nocturnes ; et ça l'intéresse, de résoudre ces questions en même temps techniques et esthétiques. C'est aussi un endroit où vous verrez souvent Ron, qui ne se lasse jamais de regarder les aurores, les continents, les montagnes, dans ce panorama à 180°, dont il considère que c'est le plus beau qui existe.

Personne n'a l'air de remarquer que, vue d'ici, la planète paraît vide. La taille d'un homme, dans la distance, est si microscopique qu'elle nous échappe, et c'est un peu comme sur les premières photographies de rues, où la durée d'exposition était si longue que les silhouettes en mouvement ne s'y imprimaient pas. Les villes semblaient désertes – ou au mieux, ici ou là, balayées par un nuage blanchâtre, informe et transparent, la trace d'un passage, le halo d'un fantôme. Mais bon, ce que j'en dis, moi.

Enfin tous sont d'accord pour déclarer que le spectacle est bluffant, qu'il faudrait se pincer, qu'on n'en croit pas ses yeux, et que cette surprise, chaque fois, demeure intacte. C'est un bonheur, de venir s'y lover pour contempler la Terre. On s'y tient, comme ça, le regard aspiré par toute cette beauté, immobile. Ou presque. J'ai entendu quelque part que le seul battement de votre cœur suffisait à créer une petite quantité de mouvement. L'alternance de diastoles et de systoles peut vous faire reculer, oh, d'à peine. La coupole n'est pas bien grande, et on y reste à flotter, les genoux remontés vers le ventre, et les bras qui enserrent les chevilles, les yeux plongés dans ce paysage époustouflant.

On y passera des moments heureux, pendant la mission.

19

Il pleut sur Terre, en ce moment où je m'applique à vous décrire la vue depuis la coupole ; mes vitres se brouillent, et, derrière ma table de travail, les formes du jardinet se mélangent en un seul vert vif et tacheté. J'entends les gouttes tomber sur les dalles inégales, autour du remblai de terre noire où pousse vaille que vaille la tige fragile d'un jasmin, près d'un bambou en pot dont les chaumes s'affolent au vent, et frapper plus violemment le vasistas de la chambre du haut. Je ressens cet effet cocon que la pluie donne à la maison, et je me demande si c'est une chose qui leur manque, là-haut, parfois, la pluie, le bruit de la pluie.

Il pleuvait aussi, le jour où j'ai rencontré Samantha Cristoforetti. J'avais marché vite, en sortant du métro, dans le matin noir, sous l'averse. Mon parapluie trop petit et poreux laissait passer les gouttes acharnées, offensives et brutales, mon écharpe même était trempée, et des trottoirs montait une odeur humide et surette. Et tandis que je me pressais vers le café de la rue de Passy où nous avions rendez-vous, craignant de glisser dans mes bottines rouges, sentant déjà la toile mouillée de mon jean coller à mes genoux, luttant contre tout ce que cette averse d'hiver pouvait m'opposer d'hostile, je trouvais pourtant à ce moment quelque chose d'absolument vivant. Je pensais à l'atmosphère confinée et sèche de la Station, au grand ciel vide derrière les hublots, et c'était cette même question qui m'avait traversée, de savoir si, là-haut, on ne regrettait pas la pluie.

J'étais arrivée en avance, et j'avais eu le temps de regarder le jour se lever derrière les vitres. La pluie avait cessé. L'obscurité se diluait, et les formes et les teintes de la rue surgissaient, de plus en plus nettes ; et puis Samantha avait poussé la porte du café, dans un ciré sombre à capuche. À peine s'était-elle assise en face de moi, je lui avais décrit ma course dans l'aube noire sous cette pluie qui n'avait pas encore séché sur les trottoirs, et c'était la première question que je lui avais posée, est-ce que, pendant votre long séjour sur la Station, la pluie vous a manqué.

Alors elle m'avait raconté cette histoire.

Elle était depuis quatre mois déjà sur la Station quand elle avait accueilli Scott Kelly et Mikhaïl Kornienko, qui venaient s'y installer pour un an. Vous savez peut-être que Scott (qui est tout juste rentré de sa mission à l'heure où je relis ce paragraphe) a un (vrai) jumeau, prénommé Mark, également astronaute. Mark était resté sur Terre, où il ferait de son côté l'objet de toutes sortes d'examens, car la Nasa, préoccupée de nous préparer des voyages plus lointains, espérait beaucoup dans l'étude comparée de l'évolution de leurs organismes sur une durée si longue.

Bref, Mikhaïl avait apporté avec lui (en CD ou sur une clé USB) des bruits de la nature. Il faut dire que c'était ce qui l'inquiétait le plus, de passer une année sans forêts, sans promenades, sans les effluences des feuilles tombées au sol, qui vous renvoient un doux fumet acidulé quand vos pieds les remuent, sans la vision des cimes qui se balancent contre les ciels. Les bois de bouleaux, les sapins, les futaies, les effluves des paysages, les odeurs du monde, lui avaient manqué par-dessus tout lors de son précédent séjour, au point qu'il avait fini par afficher des images d'arbres, en guise de consolation.

Et Scott, donc, j'en reviens au récit de Samantha, avait copié ces enregistrements dans tous les ordinateurs de la Station, ceux, vous savez, qui ballottent sur ses parois, si bien que pendant deux jours, en flottant de module en module, on entendait des bruits d'oiseaux, et surtout le son de la pluie, partout, ample et insistante, Samantha se souvenait particulièrement de la pluie.

J'ai pensé alors (je l'ai dit à Samantha) à Satoshi. Notre Satoshi, celui qui croise Sandra entre les parois de la Station, où l'on vit toujours à la même température, suspendus dans un temps unifié et semblable, un environnement toujours identique. Car ce dont il éprouve le plus violemment la nostalgie, là-haut, Satoshi, il paraît que ce sont les saisons.

Leur cycle. Leur succession. Leurs particularités. Leurs contrastes. Tous les changements qu'elles apportent, la beauté de chacune, les pluies d'été, les rousses frondaisons d'automne, la pureté de la découpe des feuilles d'érable, j'imagine, dont on part en forêt japonaise rechercher la plus parfaite ; la dure pureté de l'hiver, les fleurs de cerisier, quand elles éclosent. Cette variété, mais aussi quelque chose dans le mouvement même qui fait glisser de l'une à l'autre, le seul fait que cela se transforme, que cela fuie.

Pourtant, que cela change, que cela fuie, on peut l'éprouver plusieurs fois la journée, car, je n'ai pas encore soulevé le voile sur cet aspect-là des choses, on vit ici dans un temps accéléré, follement, puisqu'en vingt-quatre heures le soleil se lève et se couche pas moins de seize fois. Un rythme essoufflant, si on se mettait en tête de le suivre. Vous vous voyez vous endormir pour de mini-sommes, puis vous réveiller pour de mini-tâches, et rebelote, dans un marathon de couchers et de levers : non, on comprend bien que ce n'est pas possible, et on continue de s'organiser de la manière ancestrale dont on le faisait sur Terre, épousant ce même bon vieux rythme circadien, qu'on maintient donc un peu artificiellement, tandis que derrière les hublots la lumière chavire et renaît sans cesse.

C'était une période, celle où j'avais rencontré Samantha, pendant laquelle elle passait beaucoup de temps à Cologne, et je lui avais demandé de me décrire la piscine, proche de l'aéroport (c'est presque la campagne, paraît-il), les bâtiments des années 1990, l'entrée surmontée de drapeaux, les portes coulissantes du hall, la maquette suspendue de la Station, les trois étages de bureaux, et le bassin lui-même. C'est Buzz Aldrin, figurez-vous (j'ai lu ça quelque part), qui a eu le premier l'idée que l'eau offrait des conditions analogues à celles de l'impesanteur, et que les piscines pourraient donc constituer un lieu idéal d'entraînement pour les astronautes. Au début, on faisait ça dans la piscine du Johnston Space Center, qui était un peu petite, puis on en a fait construire une toute nouvelle à quelques kilomètres des bureaux. Il suffisait de rouler un peu vers le nord, m'expliquait Jean-François Clervoy, pour rejoindre la Sonny Carter Training Facility, juste à côté du terrain d'aviation d'Ellington Field.

Je crois qu'on y plonge désormais au nitrox, un mélange enrichi en oxygène et appauvri en azote, qui permet de rester dans l'eau très longtemps sans la contrainte des paliers de décompression. Les Américains utilisent généralement d'anciens scaphandres réformés, qui permettent le même niveau d'encombrement. Mais la vérité, c'est que votre corps, lui, n'est pas soumis à la pression d'Archimède à l'intérieur du scaphandre : il en éprouve les butées, et la sensation est beaucoup plus inconfortable. Et là, dans l'eau chlorée, assisté par des plongeurs, vous vous entraînez à vous déplacer, à porter des outils, à visser, par exemple, à piloter un bras (hydraulique, en l'occurrence), et j'en passe. Dans la piscine de Cologne, tout est très simplifié, me disait Samantha, la maquette qui simule l'*airlock* n'est pas très fidèle, mais on s'habitue aux protocoles, et à la nécessité de tout tenir attaché.

Archimède, sans doute, était loin d'imaginer ça, sous les ciels de Syracuse, quand il écrivit son *Traité des corps flottants* après avoir fait quelques observations aux bains publics, dit-on, le même qui s'intéressa au diamètre des astres, et calcula celui de la Lune et celui du Soleil. Et moi non plus quand, assise dans la baignoire sabot de mon enfance, avec ce petit canard en plastique vert, tout creux, qui prenait son bain avec moi, j'écoutais d'une oreille distraite (mes pensées ont tendance à s'échapper dès qu'on veut m'expliquer quelque chose) ce théorème d'Archimède qu'on tentait en vain de m'apprendre, et que je ne comprenais pas plus que la rotation de la Terre quand on voulait me la représenter avec une orange (il me semble que la démonstration s'accompagnait d'un crayon à papier, qu'on orientait selon tel ou tel axe, mais ces manipulations n'ont jamais, hélas, allumé dans mon esprit la moindre étincelle), dont on plaçait sous mes yeux la grosse peau étoilée de pores dont les minuscules cratères absorbaient bien plus mon attention que le mouvement incompréhensible qu'on s'efforçait de lui imprimer.

Quand j'ai repris mon métro, j'ai repensé à une petite phrase de Samantha que je ne vous ai pas dite. À propos de la pluie, du regret de la pluie. Avant de me raconter sa belle anecdote, Samantha avait commencé, du tac au tac, par me répondre : « Je n'ai pas une personnalité à penser aux choses qui manquent. »

Cette petite phrase, qui était vite passée entre nous, presque aussitôt effacée par le récit séduisant dans lequel Samantha s'était engagée, se remettait à flotter, là, dans la rame inconfortable, sous la lumière olivâtre. C'était une phrase sur laquelle je butais. Parce que la nostalgie, oui, je me disais, me déplaçant pour m'appuyer contre un strapontin plutôt que de rester contre la rampe, comment faire sans la nostalgie, Samantha? Et comme, à la station suivante, beaucoup sont descendus, j'ai pu le déplier, ce strapontin, pour m'y asseoir. Ses paysages brumeux, je continuais à enfiler de petites pensées, comme ça me venait, un peu étouffée par les corps engoncés qui stationnaient encore devant moi, ont leur charme. Est-ce qu'il y aurait, pour le formuler simplement (me demandais-je, mon œil effectuant des panoramiques machinaux sur les manteaux vite pelucheux), est-ce qu'il y aurait, Samantha, de la littérature, s'il n'y avait pas de regrets ? Et à la fois (à la station d'après, toujours quelques personnes debout, et je n'étais pas très bien installée, non, mais j'arrivais bientôt), à la fois je suis persuadée que l'écriture peut se faire célébration de l'instant. Je tiens même, oui, extrêmement à cet aspect-là des choses (se présenter neuve et disponible devant tous les petits inédits du monde, une chose qu'il est doux de savoir faire parfois). En sortant de la rame, je me sentais dans une harmonie imprévue avec ce qu'il y avait dans cette phrase de Samantha de désir de coller absolument à la joie du moment, tout à fait en accord avec elle alors, accoudée au long escalator qui me ramenait lentement à l'air libre.

20

Vous connaissez *Tubthumping*, le single qui a fait découvrir au plus grand nombre le groupe Chumbawamba ? C'est un groupe qui a un peu touché à tout, qui a commencé par une musique anarcho-punk, puis assez vite a intégré la pop, et même le folk, puis la techno, on ne se refuse rien. L'étiquette qu'on emploie généralement pour qualifier leur travail, c'est celle de punk-rock, classification un peu bâtarde, mais qui rend finalement bien compte de cette sorte de tension à l'œuvre dans cette musique qui, en un certain sens, se cherche et semble raconter ce petit combat entre des tendances différentes qui lui préexistent. Pour ce qui est de *Tubthumping*, je dirais que les premières mesures véhiculent un rock énergique, nerveux, mâtiné d'une influence punk qui s'exerce surtout dans le traitement du chœur, puis les choses s'adoucissent d'une voix féminine (celle de Jude Abbott, je crois), qui épouse un rythme plutôt trip-hop, avant de tourner presque, j'aurais dit, à un épisode rap, mais lorsque je demande confirmation de mon intuition de béotienne à Nathaniel Motte, oui, du groupe 3OH!3 (je frime un peu), il me conseille de bien insister sur le « presque », même si on sent effectivement, me concède-t-il gentiment, un genre d'influence rap, mais très mêlée, tient-il à me préciser, à une ambiance de chanson à boire irlandaise.

Quoi qu'il en soit, c'est sur *Tubthumping*, ce matin, que nos astronautes ouvrent un œil. Car je ne l'ai pas dit encore mais la Mission de contrôle de Houston leur concocte chaque jour un réveil en musique. Hier, c'était *Mr. Blue Sky*, par l'Electric Light Orchestra, un morceau choisi pour Fergie par sa femme et ses enfants, et avant-hier le *Viva la vida* de Coldplay, un spécial dédicace pour Doug, suivi d'un message préenregistré des employés du Marshall Space Flight Center, basé à Huntsville, Alabama, où l'on fabrique les moteurs de la navette, et sur lequel vous pouviez les voir, assis sur des chaises rouges, en sweat-shirts, tee-shirts ou polos de couleurs variées, leur souhaiter le bonjour avec conviction.

La musique des Chumbawamba passe aussi dans la salle de la Mission de contrôle, et il y en a qui marquent le rythme en hochant la tête. Visez-moi celui-ci, debout, absorbé dans la chanson, et un peu gêné quand il s'aperçoit que son voisin, resté assis, le regarde en souriant – il se gratte alors la nuque, d'un geste hésitant, avant de se rasseoir. La chanson a l'air de rendre tout le monde joyeux, *I get knocked down, but I get up again, you're never gonna keep me down*, et le voisin de Shannon Lucid, séparé d'elle par une planche sur laquelle sont posés classeurs, verre et bouteille (et qu'est-ce que c'est que cette petite mallette rouge à poignée noire, et la gueule ouverte ?), glisse une plaisanterie à Kwatsi, qui (chemise blanche et cravate garance) pouffe franchement.

La musique shuinte, pour laisser la parole à Shannon.

Hier dans un haut couleurs d'automne, avant-hier en chemisier bleu à pois blancs, Shannon arbore ce matin un chemisier rose pâle, pourpre et blanc, aux larges motifs entortillés, floraux, feuillus peut-être (quelque chose en même temps de géométrique et de végétal), et de sa voix joyeuse aux accents de l'Oklahoma leur souhaite un *good morning, Atlantis. And a special good morning to you today Sandy*, parce que c'est à Sandra, aujourd'hui, que la chanson est dédiée. Puis elle fait un peu tourner son fauteuil et se rapproche de la console, ses lunettes dans la main gauche, en attendant que Sandra réponde.

Sandra est ravie. Ça donne de l'énergie, cette musique, on est loin de la guimauve dont elle se méfie, des airs mélancoliques qui parlent du temps qui passe ou du sentiment amoureux. Non, au moins, là, il y a du rythme, un rythme entraînant, et puis ce refrain qui tombe bien, parce qu'il n'est pas né, celui qui keepera Sandra down, même si on ne peut jurer de rien. Alors c'est ce qu'elle dit : *Hey, that's great*, et que c'est la bonne chanson pour commencer une journée qui va être bien chargée.

Yes, it is going to be a busy day, confirme Shannon, et, chaussant ses lunettes, elle lit à voix haute les instructions du jour, avant de reposer sa feuille derrière elle, d'un geste sûr, dans un casier gris.

La première mission de cette journée, passons aux choses sérieuses, c'est d'amarrer le module Raffaelo. Ce module, construit par les Italiens (d'où son petit nom, qui renvoie, c'est bien ça, au peintre *himself*), de la forme d'un tonneau, si vous voulez, d'une longueur de vingt et un pieds (soit près de six mètres et demi) et d'un diamètre de quinze (comptez quatre mètres et demi), contient les équipements et la nourriture destinés à la Station.

Sandra et Doug prennent les choses en main. À l'aide du bras robotique Canadarm 2, ils sortent Raffaelo de la soute d'Atlantis pour l'arrimer au module Harmony. Bientôt, on peut circuler de l'un à l'autre. Ce sont alors plus de sept tonnes et demie qu'il va falloir décharger.

On commence le transfert.

Car c'est cela qu'il faut vous imaginer. Des corps flottants poussant des paquets énormes qui dodelinent entre les parois de la Station. Nos quatre mousquetaires transformés en déménageurs de l'espace, et capables de transporter de grosses charges, rendues infimes par la microgravité, mais nonobstant fort encombrantes.

Ce n'est pas de tout repos, même si on ne risque pas de se faire un tour de reins, ni de se démettre une épaule, ça reste une épreuve de guider ces ballots, de les orienter correctement dans les couloirs étroits. On navigue à vue, ondulant derrière, le regard bouché par leur masse qui brimbale, comme des plongeurs qui auraient trouvé une épave et qui tenteraient d'en ramener les coffres emplis d'un trésor confus de bijoux, de vases et de pièces d'or, dans des fonds marins mal praticables.

Sandra, polo bleu nuit à manches longues sur son pantalon beige, les cheveux relevés, retenus à la va-vite par une large barrette noire en plastique dont les dents vous les rassemblent au-dessus du crâne, a la charge de l'organisation de ce transfert. Rex (aujourd'hui en polo anthracite à manches courtes sur pantalon beige) se tient à carreau et suit ses ordres à la lettre, car après tout, dit-il à qui veut l'entendre, Sandra a déjà passé tant de temps sur la Station qu'elle seule peut savoir où les choses vont, quels sont les meilleurs endroits pour les entreposer.

Tout le monde est réquisitionné, Doug, qui affiche un polo anthracite à manches longues et coudières brunes, sur pantalon beige, et Fergie, même polo que Sandra, mais sur un pantalon gros bleu.

Il y en aura pour des jours et des jours, ne nous le cachons pas, à vous déménager tout ça. Depuis Houston, Megan leur annonce que, pour qu'ils puissent effectuer ce travail à un rythme moins effréné que prévu, leur mission est prolongée d'une journée. Si tout se passe bien, c'est donc le 21 juillet, juste avant l'aube, qu'on rentrera sur Terre.

Ron, et on le reconnaît bien là, vous le reconnaîtriez bien là si vous l'aviez fréquenté un peu plus, et d'ici la fin de la mission vous aurez bien l'occasion de vous rendre compte que ce type de remarque, c'est tout lui (ah, ce sentimentalisme à fleur de peau), Ron, donc, en profite pour répondre à Houston que nos quatre astronautes sont des hôtes formidables, et qu'ils peuvent rester aussi longtemps qu'ils le veulent.

Il y a aussi ce petit happening qu'improvise Sandra et que j'hésite à vous raconter – et puis si, allez.

Voilà, d'une voix très sérieuse, claire et discrètement autoritaire comme est la voix de Sandra, elle a prévenu Houston qu'elle allait faire une déclaration, et tous ceux de la Mission de contrôle attendent, les yeux levés vers l'écran. Pour l'instant, la caméra sélectionnée à la demande de Sandra ne révèle que l'architecture vide du module. Ceux de Houston retiennent leur souffle.

Alors, vous regardez bien ?

Oui, oui, on regarde, et on n'est pas bien sûr de ce qu'on voit. Quelqu'un qui s'active, dans le fond, et qui n'est pas Sandra (Rex, peut-être ?), concentré sur son travail, nullement concerné par le fait que la caméra tourne ; puis assez clairement Fergie, de dos, lui aussi parfaitement occupé de son côté. Ça ne doit pas être ça non plus. Finalement, deux pieds apparaissent au loin, qui entrent dans le champ en ballottant et grossissent à l'image à mesure qu'ils se fraient un chemin vers nous, dans un effet de zoom naturel. Les voici en gros plan, comme deux marionnettes, si vous voulez, deux protagonistes, au centre de l'image. Pourquoi ce cadrage ? Hors champ, on entend Sandra (ce sont ses pieds, donc, mais que fait-elle ainsi tronquée) qui, d'un ton solennel, déclamatoire, annonce *the return of... the socks !* Un épisode qu'on pourrait titrer « Le retour des chaussettes », donc (ou « Chaussettes, le retour ») : Sandra, vous n'allez jamais me croire, vient de retrouver sur la Station cette paire qu'elle y avait oubliée lors de sa mission précédente, et elle a décidé d'en faire un événement. Oh, on ne peut pas se tromper, des chaussettes comme celles-ci, tout le monde n'en a pas dans ses tiroirs. Ce sont des chaussettes à cinq doigts, barrées de rayures roses, blanches et bleu layette. Au moment où elle prononce avec vivacité ce mot de « chaussettes » (ou plutôt celui de *socks*, plus énergique encore, plus définitif, plus brusque, et qui claque dans le micro), elle écarte ses orteils devant l'objectif, dans un mouvement d'avancée soudaine et presque agressive. On dirait, ces pieds en chaussettes, cadrés seuls à l'image, comme ça, deux bizarres créatures de l'espace, vaguement inquiétantes, et qui s'ouvrent comme des fleurs carnivores.

Elles sont un peu peluchées, au reste, ces chaussettes, elles ont dû beaucoup servir, et on aperçoit nettement de petites bouloches sur le cou-de-pied. Dès qu'on les remarque, l'effet inquiétant s'atténue, les chaussettes fantasques redeviennent de bonnes vieilles chaussettes un peu abîmées, et on éprouve comme un retour de familiarité.

Permettez-moi de refermer le chapitre sur ce gros plan des chaussettes de Sandra, qui continuent quelques instants d'occuper l'écran pendant que Houston remercie (*We have a great view, thanks*), sur lequel j'ajoute seulement (comme sur un bandeau d'information défilant en bas de l'image) que Fergie et Rex ont réussi à reprogrammer l'ordinateur défectueux : il ne reste plus à nos quatre astronautes qu'à se réunir avec Ron, Mike et Satoshi, pour préparer (ça, c'est vraiment le clou du spectacle) la sortie extravéhiculaire de demain.

21

Vous avez certainement déjà vu ces images d'astronautes reliés à la Station par un filin tout fin qui paraît si fragile, et qui offrent leur corps, seulement isolé par leur combinaison immaculée, au grand vide, petits bonshommes tout blancs au cœur de l'abîme tout noir.

Le premier piéton de l'espace (j'ouvre une petite page d'Histoire) était un Russe, un certain Leonov, Alexei de son prénom. On le vit, pendant une dizaine de minutes, nager, comme il aimait à dire, en impesanteur, pris entre les ténèbres indéfinies et la lumière blessante du soleil, avec, dans son champ de vision, au loin, la planète Terre, qui d'un coup lui parut si ronde que c'était comme s'il avait enfin compris le concept de rondeur.

Tout ça, à son avis, ressemblait à une toile de Rockwell Kent, cet illustrateur américain qui peignait des paysages pris dans des clairs-obscurs très contrastés, tantôt nocturnes, dans un effet de *tenebroso*, troués alors par on ne sait quelle lumière vive qui éclaire violemment de larges pans bien circonscrits du décor, tantôt diurnes et traversés d'ombres profondes qui mettent d'autant plus en relief les zones offertes au jour. Kent eut pendant quelques années un cottage sur Monhegan Island, dans le Maine, une petite île dans laquelle on peut se rendre en bateau depuis Boothbay Harbor, enveloppé dans des couvertures, même en été, luttant hélas contre le mal de mer, malmené par l'embarcation qui fend coûte que coûte le flot houleux d'un océan qui se fiche comme d'une guigne de vous ménager, pour aller marcher dans ses sentiers ombragés, prendre un verre dans son unique café ou dormir dans son unique hôtel, avec autour de soi les vagues qui battent les falaises, les mouettes qui tournoient, et, dans les sous-bois, les familles américaines qui fabriquent, mais oui, avec trois brindilles, des maisons pour les fées. Sauf à noter que cette île fut un temps affectionnée par les peintres et offerte à des lumières dramatiques qui ont certainement inspiré notre Kent, cette remarque nous éloigne un peu de notre sortie du jour, mais elle me permet de glisser ici, vous l'avez peut-être deviné, un souvenir de vacances (j'en profite pour dire vite fait un petit bonjour à Betsy et à son mari).

Tout ne fut pas rose, si vous voulez en savoir un peu plus, dans l'expédition de Leonov. Des mésaventures techniques regrettables le contraignirent, juste après son exploit, à atterrir finalement dans le méli-mélo d'une forêt de l'Oural, où il fallut se débrouiller pendant trois jours avant qu'un hélicoptère ne les retrouve, lui et son acolyte. Et encore, l'auguste autogire ne trouva à se poser qu'à une dizaine de kilomètres, et nos astronautes épuisés durent effectuer ce trajet à ski, imaginez. Pire : Leonov faillit bien y rester, dans l'espace. Son costume avait tant enflé autour de lui qu'il ne pouvait plus se glisser à travers l'écoutille pour réintégrer le véhicule. Quelle horreur. Aïe aïe aïe. Ne pas céder à la panique. Oui, mais que faire ? Notre Leonov eut deux bonnes idées, dont chacune pourtant était, en soi, hautement risquée : petit un, faire baisser la pression de sa combinaison, pour réduire son volume (oui, mais il ne fallait pas tourner de l'œil, hein), et, petit deux, prendre l'initiative de s'introduire dans le sas la tête la première, au lieu des pieds, comme cela avait été programmé en raison de l'étroitesse des lieux qui rendait délicate l'opération de s'y retourner. Il parvint à s'engouffrer dans le sas, et à faire son demi-tour, pourtant malaisé.

Ouf. On était le 18 mars 1965, et l'année me fait tiquer. 1965, comme le temps passe, je me trouve à ce moment-là dans le ventre de ma mère, et, à la réflexion, flottant dans un milieu qui n'est pas si éloigné que ça des conditions de la microgravité, moi aussi, à ma manière, petit cosmonaute.

Trois mois après Leonov, le 3 juin, le second piéton de l'espace est un Américain, Edward White. Il doit rester deux fois plus longtemps à flotter dans le cosmos. Or c'est si délicieux, mes doux amis, qu'il n'a pas du tout envie de rentrer. Alors il traînasse, il repousse le moment de réintégrer le véhicule, il procrastine, dans le ciel tout noir, au-dessus de la Terre toute bleue. Il trouve des prétextes, déclare, tenez, qu'il faut impérativement qu'il prenne de nouvelles photos, un peu meilleures que celles qu'il a déjà faites. James McDivitt, que tout le monde appelle Jim, et qui l'attend anxieusement dans Gemini, lui remonte les bretelles, et il doit user de toute sa force de persuasion pour le convaincre de rentrer. White finit par obéir à contrecœur, et, en franchissant l'écoutille, il aurait laissé échapper cette plainte : « C'est le plus triste de tous les moments de ma vie. »

Il l'a effectivement prononcée, cette phrase, comme j'ai pu le vérifier sur la transcription radio faite à l'époque, tapée à la machine dans une typographie qui nous paraît déjà désuète. Le carbone en fait baver les lettres, et tout ça, qui à certains d'entre vous doit déjà ressembler ou presque à des enluminures médiévales, me rappelle le ruban encreur de la machine à écrire de mon adolescence, la sonnette quand on arrivait en fin de ligne, le levier de retour du chariot, le cylindre en caoutchouc noir autour duquel on plaçait la feuille, la molette, à droite, pour le faire tourner, et la longueur des tiges des touches, résistantes, et qu'il fallait enfoncer au risque de se rougir la pulpe des doigts. Et le vacarme, aussi, que c'était.

Enfin c'est bien ce qu'il a déclaré, White, et puis, à peine réinstallé dans la capsule Gemini, il a ajouté qu'au fond (je continue à lire la retranscription) ça avait été une sensation extraordinairement naturelle. Je sais, lui a répondu Jim, on aurait dit que tu étais dans l'utérus de ta mère.

Merci, Jim, de cette comparaison qui fait transition, car oui, c'est toujours exactement là que j'étais, ce 3 juin 1965, dans celui de la mienne, du moins, seulement encore plus proche de l'allure d'un astronaute, encore mieux formée. Mais, pour ma part, moins réticente qu'Edward White à l'idée de cesser d'y barboter, ne procrastinant pas, non, au contraire, puisque je naîtrais avec un peu d'avance, un mois plus tard, dans la bonne ville du Havre, qui n'était pas celle sur laquelle il était prévu que j'ouvre les yeux.

Je vous fais ces confidences d'autant plus librement que Megan, la *CapCom* de Houston dont vous entendez parfois la voix, explique souvent qu'il existe une immense différence entre ceux qui, comme elle, sont nés bien après le premier pas de l'homme sur la Lune, dans un monde qui considère désormais le fait d'aller dans l'espace comme une chose normale, et des gens qui, mettons, comme Mike (qui va devenir, vous allez voir, l'un des deux protagonistes de ce chapitre et surtout du suivant), sont nés suffisamment avant pour que ce jour figure dans leur mémoire comme une indentation très forte, non seulement sur la ligne du temps collectif, mais sur celle de leur vie propre.

Pour moi, il me semble que je me situe dans une troisième catégorie. Je ne suis, au fond, ni vraiment d'avant, ni d'après. Cette première sortie d'un piéton dans l'espace s'est passée pendant ma gestation. Je me suis développée dans le ventre de ma mère puis j'ai grandi mes toutes premières années en même temps que la surprise de l'exploration spatiale. J'en suis exactement contemporaine. Quand Armstrong a foulé la poussière grise de la mer de Tranquillité, j'avais tout juste quatre ans, et quelque chose de toute cette excitation a dû me parvenir ; mais je n'ai pas de souvenirs si lointains, je crois – ou alors bizarrement celui de la sphère parfaite et grillagée du panier à salade que j'emportais dans la forêt d'Houlgate (y a-t-il seulement une forêt là-bas ?), cet été-là (ou bien était-ce le précédent ?), pour y déposer les escargots en quête desquels nous étions, dans l'idée (étrange, pour mon cerveau d'enfant) de faire cuire, dans un fumet d'ail, leurs petits corps gluants et gris afin de les servir au dîner.

La première sortie extravéhiculaire qui s'accompagnait de travaux à effectuer, c'est Aldrin (le même Aldrin qui, trois ans plus tard, poserait justement, derrière Armstrong, sa semelle sur le sol poudreux de la Lune) qui s'en chargea. On était en 1966, le

13 novembre, et si vous vous demandez où j'en suis, eh bien je devais, moi aussi dans un genre de combinaison qui me prenait les pieds, n'ayant pas encore percé les mystères de la bipédie, me traîner à quatre pattes sur le tapis du petit appartement parisien de la rue Liancourt, que j'ai quitté un peu avant l'âge de trois ans, et dont je ne garde aucun souvenir.

Revenons à notre été 2011.

Au début, il n'était pas prévu que la mission contienne une sortie extravéhiculaire. Mais il y a sur la Station une pompe qui leur cause du souci. Quand elle avait cessé de fonctionner, l'année précédente, on l'avait stockée sur une plate-forme extérieure, et il faut bien que nos quatre astronautes la rapportent sur Terre pour qu'elle y soit réparée. On l'a donc finalement programmée, cette sortie, vous me démonterez la pompe, et, tant que vous y serez, voici une brève liste de quelques menues activités complémentaires, classées par ordre de priorité, à effectuer si vous en avez le temps.

D'ordinaire, lorsqu'il y a une sortie de ce genre, ce sont ceux de la navette qui l'accomplissent. Cela aurait donc pu être Rex, qui en a déjà effectué plusieurs (cinq, oui, un bon score). Ou Sandra, pourquoi pas, qui y a été entraînée. Cette fois, pourtant, on a considéré que nos mousquetaires avaient déjà suffisamment de travail avec le transfert du chargement de Raffaelo. On aura certes besoin d'eux pendant ces opérations, mais ceux qui vivront ce moment extrême, ceux qui présenteront leur silhouette ivoire, dans la muraille fragile de leur combinaison, contre l'anthracite du grand vide, ceux qui vraiment s'y colleront, ce seront deux membres de l'équipage de la Station, j'ai nommé Mike et Ron.

Des pros de l'affaire, Mike et Ron. Mike a déjà effectué six *spacewalks* (comme on les appelle aussi), Ron, quatre, et toutes avec Mike. Un tandem qui a l'habitude de travailler ensemble, donc, et qui fonctionne bien.

Habillons-nous, les gars.

Nous sommes dans le sas Quest (je ne vous montre plus le chemin), et les premières étapes sont communes avec celles du costume potiron, on les connaît déjà. La couche-culotte, bien sûr, puisqu'on est susceptible de passer jusqu'à neuf heures dehors (ne faites pas chaque fois les dégoûtés), et puis cette même première combinaison moulante bleue en nylon et spandex, tressée, vous savez, de ces tubulures toutes fines qui assurent le refroidissement.

Ensuite vient la mythique combinaison blanche. Son faible rempart doit vous protéger des radiations solaires, mais aussi, autant que possible, des météorites minuscules et des débris orbitaux, et, à ce propos, une bonne nouvelle, que j'ai oublié (au temps pour moi) de vous transmettre, pour ceux d'entre vous qui s'en inquiéteraient, la Mission de contrôle a annoncé hier que le bout de ferraille errant de Cosmos 375 ne risquait pas de percuter la Station (il semble donc qu'on soit tranquille de ce côté-là).

Formée de couches superposées associant fibres synthétiques et fibres métalliques, parmi lesquelles vous trouverez du nylon, du lycra, du dacron, quoi encore, du néoprène, du mylar aluminisé, un soupçon de Gore-Tex ou encore du kevlar, votre combinaison alterne des parties rigides et des parties souples. La souplesse, on la donne aux articulations, voyez, couvertes par des soufflets. Vous commencez par enfiler le bas, en attachant bien vos bottes, et vous le remontez, oui, jusqu'au nombril, avant de vous glisser dans cette coque dont l'armature est en fibre de verre, et dans laquelle des trous ont été forés qui permettent de faire passer tuyaux et câbles. Derrière vous, déjà soudé à l'affaire, vous portez une sorte de sac à dos qui vous fait cette bosse rectangulaire que vous avez aperçue mille fois sur les photos, et qui contient l'oxygène, de quoi extraire votre gaz carbonique et ventiler votre combinaison tout en assurant sa régulation thermique. N'oublions pas la radio, ainsi que le *SAFER*, qui vaut son pesant de cacahuètes.

C'est une sorte de petite mobylette de l'espace, si vous voulez, mais presque invisible, un module de propulsion dorsale, que vous commandez à partir du boîtier qui se trouve sur le devant de votre combinaison. Ça fonctionne à l'azote, ce truc-là, et ça vous fait quand même, si je calcule bien, du 10 km/h : un rythme tranquille mais efficace pour tracer votre route dans le grand noir et rentrer au bercail, dans la triste hypothèse où, mal retenu par votre filin (de l'acier tressé, pourtant, mais qui, on ne sait comment, se serait décroché, il faut envisager tous les scénarios), vous auriez commencé de dériver affreusement dans l'espace, éperdu alors, impuissant si vous n'aviez pas, chanceux jusque dans votre malheur, ce fameux *SAFER* que, hop, vous déclencherez, et dont la seule présence vous rassure (même si le câble devrait suffire à vous maintenir dans le coin).

Satoshi et Fergie s'activent autour de Mike, et idem pour Ron, vos collègues viennent toujours vous donner un coup de main quand il s'agit d'enfiler la combinaison. On en verrouille bien loquets et joints, et on vous tend votre *Snoopy Cap*, vous en avez l'habitude. Sur une première paire de gants en coton, vous enfilez vos gros gants isolants dont les doigts sont équipés de résistances chauffantes qui vous rendront un fier service.

Et je n'oublie pas votre casque, bien sûr, avec sa belle coque en polycarbonate antibuée, qui vous offre un large champ de vision, et sa seconde visière coulissante et dorée (la classe), qui vous protège un peu du rayonnement solaire. Fixées à ce casque, deux lampes frontales vous aideront dans les moments d'obscurité intense, tandis qu'une caméra filmera vos gestes.

On fait alors de tout petits exercices de jambes, comme ça, tout doux, oui, très bien, Mike, très bien, Ron. Pour minimiser les risques d'embolie, avant toute chose on aura passé un certain temps à se ventiler, le nez dans un masque à oxygène. Voilà qui débarrassera tranquillement votre sang de ses traces d'azote, et, croyez-moi, ça vaut mieux.

Bon, là, je pense qu'on est fin prêts. Mike ? Ron ?

22

– *Ronny, you're ready to rock and roll?* demande Mike.

– *Ready to rock and roll*, répond Ron.

– *Let's go, buddy.* Allons-y, mon pote.

Quand, après avoir exactement prononcé ces phrases, Mike bascule dans l'espace, suivi de Ron, ils se trouvent juste au-dessus des Bahamas.

On les voit bien, ces îles, émergeant de l'océan, toutes fines, comme saupoudrées là, presque délicates si l'on excepte la forme plus massive d'Andros, la plus large, la plus affirmée dans le champ de vision. Pendant qu'on y fabrique du sel, qu'on y raffine du pétrole, qu'on y distille du rhum, et qu'un certain nombre de touristes sillonnent les mangroves en kayak, pêchent le marlin ou le tarpon, ou encore nagent avec les raies Manta, dans tout le turquoise ou l'indigo que c'est, à moins de 400 km sous leurs bottes blanches, Mike et Ron commencent par s'occuper de la pompe.

Mike doit se frayer un chemin jusqu'à la plate-forme extérieure où elle a été reléguée, soit, ne nous trompons pas, la plate-forme de rangement n° 2.

On a beau l'avoir fait plusieurs fois, ça reste une expérience à couper le souffle, de se retrouver comme ça, dans le ciel immense, avec notre planète au-dessous de soi, à vous réparer quelque chose qui ne va pas, par des températures auxquelles il vaut mieux ne pas penser. Mike a dans l'ensemble un tempérament bricoleur : jeune homme, comme petit boulot d'été, il vous remontait des bicyclettes dans un garage spécialisé, et le dimanche, à la maison, il est toujours prêt à sortir mètre, marteau, tournevis, et à grimper sur un escabeau. Aujourd'hui, c'est dans le grand vide qu'il manie ses outils. Éprouve-t-il là-haut un genre de continuité bizarre avec l'adolescent qu'il a été, comme avec l'homme des dimanches qu'il est devenu ? C'est surtout à ses ancêtres qu'il songe, vous confiera-t-il volontiers, tout en s'excusant de sa conception si romantique des choses. Au bout de son filin, il se sent semblable à eux qui ont accompli un si long voyage, et chaque *spacewalk* devient pour lui une façon de les honorer, de rendre un hommage à leur goût de l'exploration et de la découverte.

Les Fossum, des pionniers, comme on dit, sont arrivés en Amérique dans les années 1860. Ils venaient de Norvège, tout là-bas, et ils ont poussé jusqu'aux plaines du Dakota. Ils ont dû naviguer longtemps, d'abord, des semaines, des mois de traversée, quittant les paysages aigus des fjords, leur découpe éblouissante contre les ciels purs, pour se laisser ballotter par la houle, dans la brise et le vent, soumis aux caprices de l'océan, à sa violence, à son énormité, regardant depuis le bastingage ce paysage d'eau bruyante qui les soulevait et dont la ligne d'horizon tanguait contre le magma nuageux où elle s'évaporait. Pour ce qui est du mystère des mers de marbre, je ne crois pas qu'ils aient connu ça, quand le vent tombe le navire qui s'encalmine, l'attente, sottement pris entre mer et ciel, suspendus là au milieu de nulle part en espérant que le mouvement recommence : mais les vagues, oui, le roulis, les tempêtes. Sans doute avaient-ils finalement débarqué à Québec, comme beaucoup. Et puis ça avait été les périples terrestres (il arrivait aussi qu'on emprunte des voies d'eau), le parcours de petite ville en petite ville, et à travers les étendues vides aussi, à boire dans les rivières et chasser comme on pouvait, à progresser dans le cahot du chariot, et la boue où se prenaient parfois les roues, et comme il fallait descendre et pousser pour le dégager. On avait dormi sous la toile de la charrette, dans le qui-vive et pourtant aussi la fatigue, une fatigue qui parfois vous énervait jusqu'à l'insomnie (on soulevait un pan de bâche alors pour regarder les lunes splendides et ces flots de reflets argent qu'elles dispensaient sur la prairie sans limites), parfois vous enfonçait de bons gros sommeils où l'on sombrait sans rêves dans la fraîche épaisseur des nuits. Il y avait eu les aubes lentes et douces, truffées de pastels. Et la route qu'on reprenait le jour, parce que ce n'était jamais tout à fait ça. Ça n'avait jamais été tout à fait ça, sauf quand ils étaient arrivés dans le Dakota, où quelque chose, enfin, les avait retenus, était-ce seulement la lassitude du voyage, ou une harmonie spéciale, dans ce paysage, qui faisait qu'ils avaient voulu qu'il devienne le leur. Il y avait là des lacs, des terres planes à l'envi, et puis la plaine se mettait à enfler ici ou là comme si des abcès se formaient sous sa peau, de minuscules collines, comme des cloques qui auraient surgi, pof, pof, pof, pof, des ampoules qui se seraient formées à force qu'à l'horizon le sol frotte contre le ciel.

Le moment alors était venu de construire sa maison. On avait choisi un emplacement dans ces contrées où se logeaient aussi des vallées irriguées par des rivières, et où le soir on voyait des couchers de soleil à se damner. Les étés pourtant étaient traversés d'orages, et, l'hiver, le vent vous soulevait la neige en un brouillard tourmenté et blanc qui courait au sol et empêchait d'y voir plus loin que le bout de son nez. Les Américains venaient juste d'inventer le mot « blizzard », que nous allions importer tel quel, une vingtaine d'années plus tard. Blizzard, qui pour nous a un air de mystère et de bizarre, et n'est pas sans intérêt pour évoquer ces brumes de neige qui voilent tout, mais qui, pour les Anglo-Saxons, colle encore mieux aux réalités climatiques, puisqu'il relève de l'onomatopée. Mais si, prononcez-le en chuchotant, avec l'accent, bien sûr, écoutez ce b, par où se forme comme l'idée d'une bulle, ce l, liquide, qui transforme cette bulle en flocon, lui donne cette consistance aqueuse de la neige, ce redoublement du z qui en renforce le sifflement, et ce d, comme ça, comme un impact, à la fois claqué et un peu mouillé, où votre langue s'en vient heurter vos incisives supérieures, à la jonction d'avec la gencive : voici que vous reproduisez le bruit du tournoiement violent des flocons aveuglants dans la bourrasque. Mais c'était bien là que les ancêtres de Mike avaient décidé de s'installer, à regarder filer dans le ciel, au-dessus du toit, les bernaches du Canada et les canards colverts, à la fin de l'automne, et à accueillir leur retour au printemps.

C'est étrange, cet amour irréfléchi, irrationnel, et inconditionnel pourtant, que nous pouvons porter à ceux de nos ascendants que nous n'avons pas connus. Cette histoire, celle du grand voyage de ses ancêtres depuis les terres froides du Nord, Mike a le sentiment qu'elle coule dans ses veines, qu'elle le façonne, qu'elle participe de sa chair. Et posté sur sa plateforme, au cœur de l'espace, c'est comme s'il se tenait dans la même énergie qui avait été la leur, la même curiosité. Une tradition familiale, au fond, qu'il perpétuerait. Il y prolonge cette geste de ses ancêtres, il s'inscrit dans leur chaîne, il éprouve la force de son lien avec eux. Il entend le son de la ventilation dans son scaphandre, et s'abandonne à la lenteur élastique de ses mouvements.

Ron, pour sa part, s'est placé sur le bras robotique Canadarm 2, les pieds bien calés, pour avoir les mains libres. Ce bras est actionné depuis la coupole (dont le charme esthétique le cède ici à une dimension plus évidemment fonctionnelle), derrière les vitres de laquelle vous apercevez Sandra (Hello !) et Doug (Coucou !). Quant à Rex, son rôle est, comme on dit joliment, de chorégraphier cette promenade dans l'espace. Il communique avec Mike et Ron par micro, les guide, leur épelle les instructions, détaille les étapes, les conseille. Elle est jeune, cette voix de Rex, et joyeuse, et assez douce, et il y a dans sa texture quelque chose qui doit réconforter Ron et Mike, et leur donner la sensation que les choses sont, pour ainsi dire, naturelles, et presque confortables.

Dans tout ça, Ron, avec l'aide de Mike, est parvenu à attraper la pompe, et, à le regarder qui l'emmène dans la soute d'Atlantis, rivé au bout du bras robotique qui lentement se déplace, Rex lui trouve l'air suspendu au bord de l'univers. Dans un élan poétique, il ne se prive pas de le lui dire. On aura l'occasion de confirmer cette impression, Rex flirte avec la

Muse, et écoutez-le qui lance à l'impétrant un *kind of like you're hanging off the edge of the world, isn't it*, que Ron semble pendu au-dessus de la marge du monde, n'est-ce pas ? Il répond juste *Yeah*, Ron, quand même concentré sur son affaire.

Mike le rejoint sur la navette, où ils rangent la pompe, dans la soute, bien au fond. Première mission accomplie, et cela fait déjà deux heures et quart qu'on travaille.

Good work, les félicite Rex, qui jongle décidément avec assez d'allant entre ses talents de poète et ceux de psychologue, toujours prompt à encourager ses collègues.

À présent, Mike change de place avec Ron et monte à son tour sur le bras robotique de la Station. Vous vous demandez, mais comment fait-elle pour les différencier, ces deux bonshommes en combinaison blanche, copieusement casqués, et dont la visière dorée dissimule les traits du visage, reflétant seulement sur sa coque bombée le contrechamp du paysage qu'ils sont en train de voir, un tout petit peu déformé, à la manière dont ces miroirs convexes des peintures flamandes vous anamorphosent tranquillement le décor, vous révélant le spectacle qui se trouve dans votre dos (et au milieu duquel, sans doute, vous figurez) ? Oh, la chose est facile, en vérité, et je n'ai pas beaucoup de mérite. La combinaison de Mike comporte, regardez bien, une bande rouge sur chacune des jambes de son pantalon, tandis que celle de Ron, que nenni, est entièrement blanche.

Engoncé dans sa tenue éclatante contre le ciel noir, petit bonhomme Michelin, pour ceux qui s'en souviennent, pataud, et relié à la Station par son filin qui lui fait, on y pense tous, comme un cordon ombilical, Mike bricole. Il essaye de se débrouiller du kit de ravitaillement automatique en carburant, qui lui résiste, en suivant pourtant les indications de Rex, dont ça a été le tour, au fait, ce matin, d'être le dédicataire de la chanson du réveil, et c'était avec *More* de Matthew West qu'on l'a chouchouté. *Take a look at the ocean*, chantait Matthew, ou encore *Take a look at the desert*, ou toujours *Take a look around you*, et ces paroles, c'est vrai, conviennent on ne peut mieux à la situation, ces injonctions à caresser du regard les océans et les déserts qui défilent au loin sous les pieds de Mike et de Ron, et qu'ils peuvent ou non apercevoir selon l'angle où ils sont placés.

Et là, tout de suite, pour Mike, non, là, tout de suite, Mike tourne le dos à notre planète et fait face à l'abîme bien noir sur lequel se détache le matériel gris-blanc qu'il manipule. Mais il porte sur chaque gant un miroir carré, fixé sur un bracelet en tissu élastique (il peut l'orienter vers les réglages de la poitrine de son scaphandre, comme y vérifier ce qui se trouve derrière lui), dans lequel (surtout le gauche, car la main droite s'active et change constamment de position), tandis qu'il s'occupe à manier un tournevis, vient se prendre le reflet bleu d'une journée sur la Terre.

Tout à coup, dans l'image en noir et blanc de l'homme en combinaison qui répare ses appareils dans le vide énorme, un petit carré d'azur. Le miroir réintroduit de la couleur, en réfléchissant le hors-champ d'un paysage lumineux et bleuté qu'il faudrait se retourner pour voir. Et c'est comme un éclat de mosaïque, ou un carreau de faïence portugaise, un fragment d'azulejo.

Mike ne se laisse pas distraire par cette exquise miniature à son poignet, et voici qu'il chevauche le bras robotique jusqu'à la plate-forme Dextre, pendant que Ron fait un peu d'ordre dans la soute de la navette.

Regarde-la bien, cette navette, lui souffle Rex dans le micro. Regarde-la bien, parce que c'est la dernière fois que tu la vois comme ça.

Et on ne peut pas lui donner tort. On sait bien, nous aussi, que, si tout se passe bien, si on rentre sans encombre et le véhicule intègre, Atlantis, la dernière de la série, finira remisée dans un hangar, car ainsi vont les choses. La fin d'une ère, ils l'ont assez répété, mais dans un moment comme celui-là, voici que la tristesse se fait plus aiguë. Par à-coups cette pensée revient, tandis qu'on actionne ses instruments les mains prises dans les gants malcommodes, avec des gestes en même temps précis et malhabiles, gourds et sophistiqués, l'idée que ce n'est bientôt plus un spectacle que l'on pourra s'offrir, hélas, de se mouvoir dans le grand ciel tout noir avec dans un coin du décor le gros corps blanc de la navette, les battants de sa soute grands ouverts.

Mais ce n'est pas l'heure de larmoyer, et on travaille, on travaille, pendant qu'au-dessous de soi passe la Terre, avec son filet d'atmosphère, ses floches de nuages. Et tantôt, en bas, c'est la nuit noire (des villes, dont on aperçoit les lumières, des mers vides, des déserts tout sombres), tantôt le jour, le sol éclairé, le pastel des prés et des fleuves, tandis que tout le reste autour d'eux demeure d'encre.

Mike et Ron, nos bricoleurs de l'espace, enchaînent les tâches. Mike se déplace vers le module Zarya, pour y libérer un câble qui dépasse, tandis que Ron s'attelle à déployer un tissu rétroréfléchissant. Puis tous les deux se rendent sur Tranquillity et installent une protection thermique, on en avait bien besoin, sur un adaptateur d'accostage très exposé au rayonnement solaire.

Eh bien, je crois qu'on a rempli la feuille de route. Vous avez fait un boulot formidable, leur déclare Rex, jamais avare de compliments. C'est l'heure de rentrer dans la Station. Ils s'apprêtent à le faire, et les voici tout proches de l'écoutille quand Mike interrompt leur mouvement. Hé, Ron, l'aube va poindre dans quelques minutes à peine. Si on restait, juste le temps de la voir naître? La Terre est encore noyée dans l'ombre, et Mike voudrait plonger encore une fois ses yeux dans les reliefs et les flots bleus, les montagnes et les lagons, les rivières et les étendues herbeuses que la lumière frise, dans cette explosion de couleurs qui accompagne les premiers rayons du soleil, en continuant de flotter, petite silhouette fragile, orgueilleuse et magnifique, suspendue au-dessus de tout ça, offerte au grand vide, et comme en symbiose alors avec tout l'inouï de ce paysage ; il voudrait se laisser aller pleinement, maintenant que la tâche est achevée, à cette exaltation immense, mêlée à cette sorte de calme infini, qu'on peut éprouver à survoler la Terre dans son seul habit de cosmonaute. Ils ne sont pas en retard, il n'y a pas de risque à prolonger cette sortie de quelques minutes. Et c'est ce qu'ils font, ils s'autorisent ce luxe de contempler ensemble l'arrivée de la lumière, immergés dans l'espace, plongés dans l'immensité toute noire. Tous les deux accrochés à l'extérieur du sas, repoussant l'échéance de rentrer, faisant un tout petit peu durer ce moment, en un de ces doux instants de grâce, ils regardent le jour se lever.

23

I am a rocket man, chante Elton John, et sa voix circule dans la salle de contrôle de Houston comme elle se glisse dans la navette Atlantis où elle vient chatouiller les oreilles de nos quatre mousquetaires suspendus dans leur sac de couchage. Suit un message préenregistré dudit, que Fergie, à moitié réveillé, a l'air de prendre pour du direct : Elton John, la légende musicale, Waouh, c'est fantastique, s'exclame-t-il, on est absolument honorés que vous ayez pris le temps de rejoindre l'équipage ce matin. Shannon (en tee-shirt fuchsia, si vous vous posez la question, amplement couvert par une veste jaune d'œuf sur laquelle court un motif large de fleurs rouille sur feuillage kaki – c'est son choix) n'ose pas le démentir. Elle chausse ses loupes et leur lit le programme du jour.

Grosse, grosse journée de transfert – on ne gagne pas à tous les coups.

C'est une épreuve physique, ce déchargement, et morale, aussi, il n'y a qu'à voir Doug, qui, dans son polo marine, peste un peu. Il en a gros sur la patate, de tout ce travail de fourmi (piloter, ça oui, d'accord, actionner le bras robotique, très bien, mais jouer les manutentionnaires de l'espace, ça n'a son charme qu'un temps), et il rumine la comparaison douloureuse entre l'énormité de la charge (des vivres pour un an, pensez) et la diminution des effectifs : d'habitude, on part à sept, sur la navette, là, ils ne sont que quatre, pour vider une soute pleine à craquer.

Allons, c'est sain, malgré tout, cette mine chiffonnée de Doug, ces petites colères, cette mauvaise humeur qu'il est capable d'afficher et qui tranche avec l'image lisse de nos astronautes tout sourires, avec leur côté scouts toujours prêts. On lui voit une moue, le visage plutôt fermé, mais Doug, même si ça lui fait mal aux seins, continue à pousser ses ballots comme les autres, en s'efforçant de lutter contre les vagues d'agacement qui l'assaillent.

Sandra dirige les opérations, en polo vert épinard, les cheveux toujours relevés au-dessus de sa tête entre les dents noires de sa large pince, les lobes juste piqués de minuscules boucles d'oreilles rondes et dorées qui y dessinent à peine un point brillant. Elle mène son monde, souriante et ferme, comme elle sait l'être.

Mais pour elle aussi, la tâche est lourde, et regardez, elle s'est blessée au doigt, à force, oh, un tout petit bobo de rien du tout, mais tout de même, ce filet de sang le long de l'ongle du pouce, il faudrait penser à nous mettre là-dessus un sparadrap.

Ron, c'est plus difficile, il faut qu'il remplace certaines composantes d'une des toilettes de la Station (un système d'embouts, différents pour les garçons et pour les filles, si vous vous demandez, qu'on fixe à un tuyau aspirant) qui donne des signes (en particulier olfactifs) de défaillance, mais Andreï, tenez, en polo vermillon à manches courtes, y va de quelques paquets. Sergueï, qu'on verra souvent dans un short bleu, mais qui cette fois a enfilé un pantalon sous un tee-shirt indigo, donne aussi de sa personne. Et Satoshi, dont on peut admirer la technique. Car observez-le qui passe en nageant entre les parois, très élégant dans son polo foncé à manches longues et col blanc sur son pantalon beige, et qui, autant rentabiliser le temps, pousse deux ballots à la fois. Et c'est tantôt l'un au bout de chaque bras, en leur donnant des pichenettes, comme ça, les tapotant pour leur imprimer la bonne direction, ou en les retenant par leur poignée textile, selon l'effet qu'il veut obtenir ; tantôt l'un devant lui et l'autre qu'il serre entre ses mollets, se servant de ses jambes comme d'une pince, en particulier dans les tournants, où il semble que cette technique fasse ses preuves. Une loupiote, fixée à un bandeau élastique qui lui fait le tour de la tête, lui ouvre le chemin, traçant devant lui un sillon de lumière.

Il y a tout de même les pauses casse-croûte, mais manger aussi est un effort en soi, en raison de toutes les précautions qu'il faut prendre, et je crois que vous ne serez jamais assez reconnaissants, sur Terre, envers vos spaghettis, lesquels savent parfaitement se tenir dans votre assiette, qui vous les présente emmêlés, certes, mais stables, sagement posés contre la faïence, et ne songeant même pas qu'ils pourraient se carapater en dizaines de petits serpents jaunes autour de vous – ou envers vos penne rigate, aussi bien (en ce moment je suis plutôt dans une période penne rigate).

Des choses simples peuvent réclamer, là-haut, un temps infini, à cause de toute cette attention qu'il vous faut porter à chaque geste. Les objets ont une tendance très nette à se débiner dès que vous les lâchez, aussi retors que des yôkai, aussi autonomes, indisciplinés et joueurs, dansotant aussi bien qu'une spatule de riz par une nuit nippone, aussi libres et sournois que n'importe quel fantôme japonais qui dans son corps d'objet prend ses aises et commet des méfaits qu'il n'est pas toujours facile de réparer.

Quand tu ouvres une boîte sur Terre, m'expliquait Samantha, dans ce petit café de la rue de Passy où nous étions assises, et que tu y cherches quelque chose, tout le contenu reste à l'intérieur. Les objets sont là, qui se laissent mollement recenser, passifs, soumis. Tu regardes, tu farfouilles, mais aucun n'en profite pour s'enfuir. Tandis que sur la Station, imagine, tout l'intérieur de la boîte s'envole.

Comment faut-il faire alors ? lui demandai-je, ce matin pluvieux où je m'étais levée tôt et où j'avais traversé le fleuve, et plus, pour la rencontrer. Ouvrir très peu la boîte, l'entrouvrir seulement. Par exemple. Ou bien en retirer très précautionneusement les objets un à un, et les fixer chaque fois à un velcro.

Dans un carnet que m'avait offert une amie libraire, je notais ce que m'expliquait, de sa voix douce, Samantha, laquelle s'était si vite réadaptée à la vie sur Terre qu'elle ne semblait pas s'étonner de ce que son croissant, déjà entamé, et éminemment friable, attendait sagement dans son assiette qu'elle ait fini de parler – et toutes ses miettes idem, lesquelles auraient eu vite fait, en impesanteur, de vous mettre un sacré micmac, voletant de-ci de-là pour s'en venir, c'est le plus probable, se coller à la grille d'une bouche d'aération, et s'engouffrer entre ses lames (non, là-haut, oubliez les croissants).

Cuire votre repas, pour commencer, demande de la méthode. Vous disposez de rangées de boîtes en fer étiquetées. Vous ouvrez une de ces boîtes, vous en sortez un sachet d'une nourriture qui a été irradiée, de sorte que les bactéries en sont mortes (les pauvrettes) et qu'elle se conserve en toute sécurité. Mettons, un petit bœuf aux champignons. D'autres boîtes contiennent des poches de nourriture déshydratée. On en choisit une de légumes, et on emporte tout ça dans le module laboratoire.

On fait chauffer son plat de viande tout préparé dans le four (je dirais une vingtaine de minutes, pas moins). Dans l'intervalle, dirigeons-nous vers les robinets du distributeur d'eau potable (obtenue par recyclage des liquides, y compris, c'est un chapitre que personne n'a vraiment envie d'aborder, des urines, une pensée qu'il vaut mieux chasser). On fixe soigneusement l'embout de sa pochette de légumes lyophilisés à la machine, voilà, attention aux fuites, on tourne la molette sur le nombre de millilitres souhaité, et on appuie sur le bouton blanc, si, là, ou sur le bouton bleu, selon que vous préférez votre eau chaude ou chambrée. Vous profitez de ce que votre bœuf aux champignons continue à chauffer pour remplir une nouvelle pochette d'eau, ce sera votre boisson.

Pendant le repas, on fera attention à ne pas laisser filer un bout de ceci ou de cela, une tomate cerise, une cacahuète, même si ça peut être amusant aussi de la regarder s'échapper et d'en anticiper la course pour, bouche ouverte (un peu alors avec une mine de mérou, si vous voyez), hop, la saisir en plein vol, surtout quand il y a dans le coin une caméra qui filme l'affaire. Même les astronautes chevronnés, ça les fait encore rire, de lâcher une noisette, d'en considérer l'ascension, et de la gober. L'impesanteur a beau être devenue votre quotidien, on ne se lasse pas des effets comiques qu'elle produit et on se livre à de petites facéties, qu'on alterne avec le désir de conserver malgré tout une apparence convenable, un semblant de convivialité ordinaire, mimant les conventions mondaines qu'on a apprises, et les compliquant des possibilités nouvelles qu'offre la microgravité, parce que, on ne va pas se bander les yeux, on est dans l'espace, et puis c'est tout.

Sur le module Unity, voici ceux de l'expédition 28 qui se font un petit goûter. Mike est là, qu'on n'avait pas encore aperçu aujourd'hui, en tee-shirt texan prune et pantalon beige, et Sacha aussi, qui a tenté un polo épinard col citron sur un pantalon turquoise. Et on s'échange du frais (quelques pommes, des mandarines), tandis que volette, vire, voltige lentement, presque lascivement, une tablette de chocolat noir à 90 % (nos astronautes ne sont pas des mauviettes), s'élevant en trajets sinueux, toute pleine de ses promesses douces-amères.

Et puis voici Fergie qui ondule en poussant un ballot, et je n'ai pas voulu le vexer, tout à l'heure, Fergie, mais de vous à moi, vous le révélerai-je en passant, Elton John, je l'ai aperçu en chair et en os, au moment où j'habitais à Londres. Monsieur est descendu de voiture devant la camionnette de déménagement dans laquelle je me trouvais. Et même Mick Jagger, puisque j'en suis à vous faire des confidences, juré craché, qui est entré un soir dans un petit resto où j'étais attablée. C'était un endroit qui ne payait pas de mine, pourtant, mais qui avait le mérite d'être ouvert tard. Nos regards se sont croisés, et je dois reconnaître que c'était un moment intense et incongru, comme s'il n'était pas naturel que je puisse entrer dans son champ de vision, que ma petite personne s'inscrive sur ses rétines (j'ai vite détourné les yeux, comme si je ne voyais pas du tout qui il était) (il a fait de même).

Nos déménageurs de l'espace n'ont pas démérité, et une petite douche, avant de se glisser dans son sac de couchage, ce ne serait pas de refus.

J'appellerais plutôt ça une toilette de chat. Le matériel de base se résume dans un carré de serviette, une pochette d'eau, et une pochette de savon liquide. C'est peu, mais il faudra déjà vous arranger pour que tout ça ne dansote pas dans l'air au risque de se faire la malle, même si c'est assez joli, allons, ce geste de jongler avec des éléments en suspension autour de soi.

Vous choisirez entre la méthode courte, et une méthode plus longue.

La méthode courte consiste à humecter simplement votre serviette avec la pochette d'eau, puis à ajouter du savon liquide sans rinçage, un tout petit peu, et vous passez ça sur votre peau, comme un gant de toilette. Vous frottouillez. La manipulation est rapide, assez facile, et vous voilà propre, ou à peu près.

La seconde méthode réclame un chouïa plus de temps et, toutes proportions gardées, est un peu plus luxueuse. Vous ouvrez le bouchon de votre pochette d'eau, bien précautionneusement, ça, ça ne change pas, puis vous déposez quelques gouttes dans votre paume. Se produit alors un phénomène qu'on appelle, je crois, tension de surface, et qui fait que l'eau y reste collée, comme un gant. On est là, avec ces quelques gouttes d'eau aimantées dans le creux de la main, et on se les étale sur le corps, où en principe elles s'accrochent de la même manière. Mais quelques gouttes, hein, pour qu'elles adhèrent bien et ne s'avisent pas de s'esbigner. De ce premier stade de la seconde méthode existe une variante, qui consiste, plutôt que de presser l'eau dans sa paume, à appliquer directement l'embout de la pochette sur votre peau, en y laissant un genre de petite ligne d'eau, voyez, le long de votre bras, puis, fragment par fragment, de votre autre bras, de vos flancs, de vos jambes. Chaque fois, et dans les deux cas, vous ajoutez un soupçon de ce savon liquide qui mousse à peine. Vous frottez doucement, avec vos mains, c'est agréable, ça vous rappelle un peu la vie sur Terre. On a presque la sensation de se bichonner. Et puis on attrape sa serviette, et on s'essuie dans le carré d'éponge sèche.

On en profite pour se laver les cheveux ? Allez, on se sentira mieux après. Vous pouvez utiliser la même pochette d'eau tiède, il doit vous en rester, et vous glissez l'embout entre deux mèches de cheveux, comme ça, bien contre le cuir chevelu, prudemment, en allongeant l'eau chaque fois sur la chevelure, parfait. Vous recommencez avec le shampoing liquide, sans rinçage itou (nous sommes loin de la douche de Sandra, rappelez-vous, dans les quartiers d'équipage du Kennedy Space Center, où je vous laissais émulsionner gel douche et shampoing à volonté) (question dentifrice aussi : sur la Station, vous l'avalez), vous en déposez un tout petit peu ici, un tout petit peu là, puis avec les doigts vous diffusez, voilà – vous pouvez vous aider d'un peigne, aussi. Ensuite, on frotte avec la serviette, pour qu'elle absorbe la saleté, scrouitch, scrouitch, voilà, scrouitch, scrouitch, encore, énergiquement. Le coton éponge se grise un peu, c'est tout à fait normal, c'est même le but. Vous n'oublierez pas, c'est gentil, de la suspendre ensuite à proximité d'une grille d'aération. Non seulement elle y séchera plus vite, mais l'eau que son tissu éponge retient encore dans sa trame, denrée rare, en s'évaporant sera récupérée, aspirée par les grilles, et se transformera ultimement, vous avez tout à fait raison, en eau potable.

C'est beaucoup plus important qu'on ne pense, les cheveux.

J'ai lu, peu avant ma première rencontre avec Sandra Magnus, que c'était grâce à ses cheveux, très bien conservés, et longs d'une vingtaine de centimètres, qu'on avait pu raconter l'histoire des dernières années d'une jeune femme préhistorique, découverte dans le petit village danois d'Egtved. L'analyse chimique des cheveux, ai-je appris alors, permet, grâce à ce qu'on appelle des techniques de traçage, de révéler la mobilité géographique d'un individu.

Voici comment on procède : on divise le cheveu en plusieurs segments, et on dose pour chacun de ces segments le niveau de strontium, de carbone, de nitrogène, de protéines, etc., puis on examine les variations (ou la stabilité des constantes) d'un segment à l'autre. On compare le dosage de chaque segment avec ce qu'on sait en particulier de la géologie, et, en gros, l'affaire est faite, on devient capable de vous donner l'emploi du temps du propriétaire des cheveux, de vous énumérer ses voyages les plus récents. En l'occurrence, disait l'étonnant biographe, un trajet depuis la Forêt-Noire vers le Danemark, où madame aurait passé neuf mois, puis un retour vers sa région natale (cette fois, pour un séjour de quatre à six mois), puis un retour au Danemark – madame circulait pas mal, mais il paraît que de tels voyages n'étaient pas rares, à l'époque (je vous parle de ça, c'était l'Âge du Bronze).

Plus besoin d'archives, pour écrire la vie de ceux qui nous ont précédés : il suffira désormais d'un cheveu, qu'on décryptera dans l'ordre, de l'extrémité jusqu'à la racine, comme le témoin tranquille d'une existence linéaire. Vos cheveux sont comme un journal de vos jours, que n'importe quel savant peut venir lire, se penchant sur vos voyages, décrivant les paysages que vous avez traversés.

J'ai fermé d'un clic la fenêtre de l'article, et j'ai calculé. Les cheveux de Claudie Haigneré, dont le dernier vol date d'octobre 2001, et qui affichaient, lors de notre rencontre à l'ESA, une coupe à la garçonne, n'avaient pas connu l'espace. Ceux de Jean-François Clervoy, même la première fois où il m'a reçue dans son bureau du CNES, tout courts comme ils étaient, non plus. Mais ceux de Sandra Magnus, que j'allais voir quelques jours plus tard, mi-longs, et qui avaient volé moins de quatre ans plus tôt ? Ceux de Sandra, sans doute.

24

La première fois que j'ai vu Sandra Magnus, c'était dans les locaux de l'Aéro-Club de France, un mois avant notre rendez-vous à Reston, en Virginie.

Imaginez un jour de fin de printemps, où le soleil donne en plein.

Je marche dans des avenues larges, inondées de lumière, puis brusquement mes pupilles s'agrandissent sur l'ombre d'un hall sombre et luxueux où je m'assieds dans un fauteuil en cuir capitonné, depuis lequel je laisse mon œil accommoder sur un parquet en point de Hongrie, des boiseries, des colonnes de marbre, un lustre de cristal, au plafond des fresques de nuages.

Je pense au roman, à l'image floue encore que c'est, malgré les quelques séquences déjà écrites, malgré l'accumulation des premiers brouillons. Je pense à tout le désir que c'est, un roman, à toute la peur aussi, toute l'incertitude. Se dire (peut-être) que c'est de l'incertitude justement qu'il naît, du flou, de ce qu'il y a de fécond dans ce flou ? Accepter ce vacillement, malgré ce qu'il a d'anxiogène, dans l'idée que c'est de cette brume aussi que les phrases naissent ?

Une hôtesse d'accueil égrène sur un invisible chapelet les minutes lentes entre ses doigts manucurés, derrière le clair-obscur d'un comptoir, et quelques personnes arrivent qui répartissent entre les colonnes du hall leurs silhouettes dans l'expectative. Sandra doit donner une conférence à propos de l'AIAA, l'Institut américain d'aéronautique et d'astronautique, qu'elle dirige à présent.

On nous fait entrer dans une petite salle, dans laquelle un écran vient d'être déroulé. Vous ne pouvez pas imaginer combien tout ici respire Jules Verne, les peintures anciennes de montgolfières et de cerfs-volants, les gravures qui racontent des histoires de voyages en ballon. Et je me souviens des longs comptes rendus de réunions scientifiques en quoi consistent bon nombre des chapitres de *De la Terre à la Lune*.

Derrière moi, deux hommes discutent de l'apparition, en Méditerranée, d'une algue marine toute blanche, semblable à de la neige.

Nous attendons encore.

Je me sens intimidée, sans très bien savoir pourquoi.

Sans doute à cause de cette aura qui entoure nécessairement le corps de qui est allé dans l'espace.

Mais cette invisible transformation ontologique, cette insensible métamorphose, je l'ai déjà ressentie en présence de Jean-François Clervoy et de Claudie Haigneré (comme je la ressentirai dans le petit café en face de Samantha – ses cheveux encore pleins des composants chimiques de l'air de la Station).

Quelque chose d'autre me trouble.

Dans une certaine mesure est-ce que ce n'est pas le personnage de mon roman qui va faire irruption sous mes yeux dans la pièce ?

Dans quelques minutes, Sandra ne sera plus seulement pour moi une somme de photographies, plus seulement le mouvement de pixels évoluant sur l'écran de ma tablette. C'est une personne vivante, et nos deux corps vont se trouver dans la même salle. Qui n'a pas rêvé que son personnage prenne chair ? Petite, je me suis endormie cent fois à côté de ma poupée en espérant au matin entendre son cœur battre sous son petit torse de plastique.

C'est d'abord une voix que j'entends. La sienne, je devine que c'est la sienne, je la reconnais, derrière la double porte entrouverte.

Elle apparaît. Elle vient nous saluer chacun individuellement dans la petite assistance, en veste courte noire sur un haut orange, jupe noire droite qui s'arrête juste au-dessus du genou, jambes nues, et, pour les accessoires, lunettes, montre dorée, boucles d'oreilles itou.

Elle se débarrasse d'un sac à dos noir et pose sur une table une gourde pleine.

La conférence commence, Sandra nous présente l'organigramme de son institut et nous projette la courbe de son budget.

Ses mains sous-titrent sa parole avec précision, non pas de cette manière fantasque dont les mains parfois paraissent faire leur vie tandis que vous parlez (les miennes, en tout cas, mon côté italien, peut-être), non pas s'adonnant à leur ballet propre, comme il arrive souvent que le fassent les mains, et qui semble vous conter, si vous y prêtez attention, une histoire légèrement différente de celle que la bouche vous distille, mais dans un mime scrupuleux. Ce sont des mains tautologiques, des mains efficaces, des mains qui dessinent dans l'espace exactement ce que la parole véhicule, et rien d'autre, qui transcrivent précisément ce dont il est question : elles se rejoignent quand Sandra prononce le verbe « se rencontrer », elles fournissent en temps réel un équivalent visuel des intrications (les doigts s'entremêlent), elles miment des strates qui se superposent (les deux mains l'une sur l'autre), et ainsi de suite, elles désignent des ponts qui s'esquissent (geste courbe et légèrement traversant), elles énumèrent les différents niveaux auxquels on peut considérer les choses (la main, horizontale, se place assez bas, puis plus haut, puis plus haut encore).

Parfois, les deux mains, quittant leur fonction explicative, s'en vont rapidement et de concert rassembler les pans de sa veste, ou replacer les cheveux derrière les oreilles. Ces mêmes cheveux dont les extrémités des boucles sont allées dans l'espace, et qui retombent aujourd'hui sur les épaules de Sandra dans ce salon désuet, dont elles doivent s'étonner du décor. Dans cette pièce empreinte d'un souffle XIXe, je mettrai un peu de temps avant d'apercevoir, derrière la table où trône la gourde solitaire, rien de moins qu'une nacelle véritable, étroite, romanesque et improbable, sur le rebord de laquelle est suspendue une gravure qui représente un homme barbu, debout dans une nacelle de facture identique, et qui pointe quelque chose, hors champ.

Sandra se tient très droite, et il arrive aussi qu'elle bascule sur la pointe de ses pieds, une seconde à peine, encouragée dans ce mouvement par la souplesse de ses ballerines. Les volets intérieurs ont été repliés pour donner une plus grande visibilité aux schémas que le rétroprojecteur affiche sur l'écran, mais entre deux battants un rai de soleil passe, aigu, précis, tout fougueux de ce que c'est bientôt le début de l'été, et s'en vient rebondir en reflets agréables sur sa chevelure, répartissant, dans son blond-roux, de ces petits éclats que seule est capable de déposer sur vos cheveux une journée ensoleillée sur la Terre.

Mais allons, nous nous sommes lavés et shampouinés, sur la Station, ce 13 juillet 2011 (où suis-je alors, à fêter mon anniversaire dans le fracas de quels feux d'artifice, quatre mois après mon retour du Japon ?), il est 17 h 59, l'heure, après cette grosse journée, de se reposer.

Au lit, marin, la puce a faim.

25

Des puces, sur la Station, non, je ne crois pas qu'il y en ait. Même du temps où l'on envoyait des chiens dans l'espace, c'étaient des chiens très propres, bichonnés dans les laboratoires, et si un bon nombre avaient un passé de créatures errantes, ils avaient été depuis surveillés et vaccinés, pensez, des chiens cosmonautes, qu'on soumettait constamment à des batteries de tests.

Ce sont surtout les Russes qui s'étaient préoccupés de les faire voler, avec des fortunes diverses. J'ai déjà eu l'occasion d'évoquer Laïka, dans *Plus rien que les vagues et le vent*, une bonne bête soumise et affectueuse, qui, pour faire plaisir à ceux qui l'avaient recueillie (elle zonait dans les rues de Moscou), et qu'elle considérait désormais comme ses maîtres, avait accepté qu'ils la blindent d'électrodes, jusqu'au jour où ils l'avaient expédiée dans sa capsule, pauvre chérie, son cœur battant la chamade dans le bolide sans merci qui l'emportait là où ni homme ni chien n'était jamais allé, et d'où elle ne reviendrait pas vivante, hélas, petit corps sacrifié à la conquête spatiale.

Après elle, d'autres toutous ont franchi la barrière de l'atmosphère. Pendant que nos astronautes dorment, je pourrais vous dire quelques mots des chiennes Strelka et Bielka, qui incarnent un versant plus heureux des choses. Une histoire circule au reste à leur sujet. Selon certains (je prends des pincettes, car d'autres racontent plutôt cette anecdote pour un autre duo canin), Strelka, au dernier moment, pressentiment ou caprice, aurait trouvé le moyen de s'enfuir (ça ne lui disait rien de bon, tout ça), et on avait dû la remplacer in extremis par une autre, nullement préparée à l'affaire. Or, vous voyez peut-être où je veux en venir, l'histoire prétend que cette remplaçante au pied levé aurait beaucoup mieux supporté l'aventure que sa consœur, pourtant archi-préparée. Dans tous les cas, les corps empaillés de ces deux héroïnes, si vous voulez les voir, se dressent entre des parois de verre dans le Monument des Conquérants de l'Espace, à Moscou.

Je ne résiste pas non plus à la tentation de vous signaler qu'à deux reprises au moins, les Russes envoyèrent dans l'espace une chienne chaperonnée par un faux cosmonaute, un pantin, qui se tenait à son côté. Il s'agissait d'une chienne nommée Tchermouska, ou Chernushka, ou encore je lis ailleurs

Tchernouchka, partie voler avec son étrange compagnon en mars 1961, puis, quelques semaines plus tard, d'une dénommée Zvezdotchka ou Zviozdotchka. Je me demande ce qu'elles ont pensé de cette fiction assise avec elles dans l'étroit véhicule. Croyait-on qu'elles se laisseraient avoir par un tel leurre? Mâchonner cette question avait dû les occuper tout le voyage, et les distraire un peu de l'inconfort de la situation. On imagine comment cela pourrait donner lieu à une nouvelle, racontée du point de vue canin, voire à un franc monologue de la chienne, enfermée dans l'habitacle, exposant au public son désarroi, ses doutes quant à la présence suspecte de ce pantin, qui n'ôte rien à sa solitude.

Dans le roman de Jules Verne *Autour de la Lune*, si vous vous en souvenez, dans le décor capitonné de la fusée où l'on boit du bon vin en échafaudant mille hypothèses sur l'astre sélénite, figure déjà un duo de chiens, de sexes différents cette fois, Diane et Satellite, qui, nous dit-on, sont destinés à devenir les Adam et Ève des chiens lunaires, dont ils ont pour mission de fonder la lignée. Hélas, les choses se dérouleront bien autrement. Satellite, assommé pendant la première phase du vol, succombe vite à ses blessures, et son cadavre, sans dommage apparemment pour l'habitacle de la fusée, est jeté par le hublot. Or, ainsi abandonné dans l'espace, aplati comme un sac, il semble monter en même temps que le bolide, et il faut faire avec les aboiements déchirants de Diane, qui écarquille les yeux devant la dépouille de son compagnon, laquelle, vision horrifique, vole derrière la vitre.

Il y eut des singes, aussi, du côté américain.

La triste série des Albert. Albert Ier mourut asphyxié, Albert III dans l'explosion de sa fusée, et les Albert II, IV et V au moment de l'impact au sol, leur parachute, chaque fois, ayant refusé de s'ouvrir. Quant à Albert VI (que certains appelaient aussi Yorick), il attendit pour passer l'arme à gauche les deux heures qui suivirent l'atterrissage, et on pense que c'est le stress qui eut raison de lui.

Cette série noire fut interrompue par Able et Miss Baker, des pionnières de l'espace, ces deux-là. On était en mai 1959. Mlle Baker était née au Pérou, et sa collègue Able dans le Kansas. Able, la malheureuse, mourut quelques jours après son retour pendant une opération chirurgicale, et vous pouvez aller l'admirer, naturalisée dans son attirail d'astronaute, au *National Air and Space Museum* de Washington. Quant à Miss Baker, elle eut une très longue vie, remportant même un genre de record pour son espèce, celle des singes-écureuils (car c'était ce qu'elle était), et elle s'éteignit paisiblement un jour de 1984. Sa tombe se dresse dans l'Alabama, une pierre gravée, sur laquelle il n'est pas rare que quelqu'un, que voulez-vous que j'y fasse, en offrande, dépose une banane.

Viennent ensuite les singes de Mercury, dont vous avez sans doute entendu parler. Sam et Miss Sam, l'un après l'autre, deux macaques, et puis les chimpanzés, dont on a pu admirer les bouilles en couverture du magazine *Life*. Ils avaient fait l'objet d'une sélection aussi sévère que les humains. Ham, l'heureux gagnant, avait d'abord ouvert les yeux sur les paysages du Cameroun, où il avait été capturé avant un long périple qui l'avait mené jusqu'au Nouveau-Mexique. Regardez-le, juste avant son vol, en janvier 1961, qui fixe l'objectif des appareils photo d'un air dubitatif, avec sur la tête un casque de la Nasa.

Vous pouvez voir aussi des photos de lui au retour, légèrement sonné, et il faut dire que, si son vol avait duré à peine plus d'un quart d'heure, il lui avait fallu attendre ensuite, enfermé dans sa capsule, dans le roulis, qu'un bateau vienne le repêcher. Ham finit son existence au zoo de Washington, au milieu de singes parfaitement ignorants de son histoire, à méditer son héroïsme tout seul, et à regretter, sans doute, de ne pas avoir assez de vocabulaire pour, le soir, en de douces veillées, leur raconter ce qu'il avait vécu.

Le second chimpanzé de l'espace, mais le premier à être envoyé en orbite (et ça avait été comme une répétition, avant le vol de John Glenn), avait reçu le petit nom d'Enos. Certains prétendent que le vol l'avait rendu hystérique, et que, sur le bateau qui était venu le récupérer après son amerrissage, il ne cessait de bondir de joie. Mais sur les images que j'ai pu voir de lui lors de son examen à l'hôpital des Bermudes, une fois qu'il avait été ramené sur la terre ferme, il a plutôt l'air vague et fatigué. Assis, voûté, le corps mou, il offre son bras au stéthoscope du médecin qui s'applique à prendre son pouls, l'œil vide (je parle d'Enos) et comme un poids sur le dos (le rapide réapprentissage de la gravité, peut-être).

Il faut dire qu'en plus de la découverte des sensations de l'impesanteur, qu'il n'avait demandé à personne d'expérimenter, Enos avait vécu des moments assez déstabilisants. En particulier, le système qui, sur Terre, lui envoyait alternativement chocs électriques et récompenses alimentaires pour lui apprendre à pousser les bons leviers s'était, pour des raisons qu'on ignore, inversé, si bien que dans sa capsule Monsieur avait reçu des chocs électriques pour des réponses qu'il savait bonnes. Il n'avait pas trop aimé non plus l'attente après l'amerrissage, à flotter comme ça, enfermé dans son véhicule. Nullement persuadé qu'on s'occuperait de venir le chercher, il avait commencé à arracher ses électrodes, à détacher ses sangles, et même de son cathéter urinaire il s'était débarrassé. Sans doute projetait-il d'essayer de s'extirper de sa prison, ignorant, comment l'aurait-il su, qu'un navire de guerre était en train de fendre les flots à sa rencontre.

À cet étrange bestiaire envoyé dans l'espace, il faut ajouter de plus petites créatures, bien enfermées, espérons-le, dans des casiers dédiés. Point de puces, donc, mais, en ce mois de juillet 2011, tandis qu'on décharge, qu'on transbahute, qu'on se faufile entre les parois de la Station, pondent des mouches et crapahutent des araignées. Je commence par les mouches ?

Une tripotée de drosophiles circulent dans des cassettes en aluminium dont le couvercle transparent permet d'observer ce qui se passe à l'intérieur. Les reconnaissez-vous ? Ces gros yeux rouges, ce corps ocre, et sous la transparence des ailes cet abdomen sombre : mais oui, ce sont ce que les Américains appellent mouches à fruits, et que, pour des raisons qui nous regardent, nous avons préféré nommer mouches du vinaigre. Il y a je ne sais quoi, dans toute leur apparence, en même temps de repoussant et d'attachant, et qui tient peut-être aussi à cette contradiction entre la façon calme et claire dont elles posent sous l'objectif, dans une affirmation tranquille de leur présence, et cette fragilité qui est la leur, puisqu'elles mènent une vie de quoi, une quinzaine de jours, pauvres petites, à pondre beaucoup et à voir leur existence défiler bien vite.

Si elles voyagent avec nous, c'est qu'après avoir séquencé leur génome les savants se sont aperçus, j'espère que vous êtes bien assis, qu'il entretenait un paquet de similitudes avec le nôtre. De très bons spécimens, donc, pour étudier les modifications des défenses immunitaires que peuvent entraîner les vols spatiaux.

Dans leurs casiers bien étiquetés, mouches mâles et mouches femelles joyeusement se reproduisent – la seule partie un peu plaisante de l'affaire, et il faut dire qu'elles n'ont que ça à faire, recluses comme elles sont, quand il n'est plus question de voleter dans des cuisines ni de s'en aller parcourir le monde à la recherche de poires blettes, de pommes en décomposition ou de liquides ayant subi une costaude fermentation acétique (puisque la vérité, qu'elles l'expriment en se posant sur un fruit abîmé ou en suçotant du vin fermenté, c'est qu'elles aiment les moisissures). Vaguement interloquées, mais soumises, nos mouches se livrent à leurs orgies anonymes dans leurs boîtes, et pondent à qui mieux mieux une descendance née dans l'espace. On en recueille alors soigneusement les larves, qu'on rapportera sur Terre, où, dans les laboratoires du Kennedy Space Center, les attendent des hommes et des femmes en blouses blanches et gants de latex bleu de ciel, qui analyseront leur formule sanguine, calculeront leur taux hémocytaire et leur inoculeront, que voulez-vous, une petite bactérie, voilà, pour voir comment elles réagissent. Pas si mal, pas si mal, mais beaucoup moins bien que leurs consœurs qui n'auront pas quitté la Terre. Et on tracera des courbes comparatives, on élaborera des graphiques, on rédigera des articles qui décriront les étapes de l'expérience.

Arrivées là-haut, quant à elles, à la mi-mai, et s'apprêtant à rentrer sur Terre avec nos quatre astronautes, dotées de ce privilège d'avoir reçu un prénom, deux spécimens arachnides sont aussi de la partie, qui répondent aux doux vocables de Gladys et d'Esmeralda. Ce sont deux *Nephila Clavipes*, qui ont elles aussi fait l'objet d'une sélection.

Gladys et Esmeralda ne sont pas vraiment des parangons de beauté, avec leur petit air revêche, de ceux que savent arborer les araignées, leurs segments poilus aux pattes (qu'au mieux et dans un mouvement de comparaison indulgente, une vague envolée lyrique, on pourrait assimiler à des chaussettes de danse noires), et quant à leur ventre doré il ne m'inspire pas particulièrement confiance. Leur fil, auquel il paraît qu'on trouve aussi des reflets d'or, est très résistant, et c'est avec ça qu'elles ont tenté, les premiers jours, déroutées par l'absence de gravité, de tisser des toiles, lesquelles, pour garder une texture élastique, n'avaient, il faut bien le dire, pas l'air de grand-chose. Le bel agencement de celles qu'elles avaient jusque-là bâties sur Terre n'était plus alors qu'un souvenir. C'était justement ça qui intéressait nos chercheurs, de savoir quel degré de perturbation induirait l'impesanteur dans l'élaboration de leur toile, mais aussi de quelles capacités d'adaptation elles sauraient faire preuve, de quels éventuels progrès elles seraient capables à mesure des jours.

Gladys, pour commencer par elle, continuant scrupuleusement de produire son fil avec ses glandes séricigènes, s'était, dans les débuts, pas mal emmêlé les pinceaux. Je sécrète mon fil de soie tout comme il faut, voilà, bien protéiné, surtout constitué de fibroïne, souple comme tout et aussi solide, paraît-il, que l'acier ou le kevlar, et biodégradable avec ça, d'accord, mais qu'est-ce qui se passe, ça flottouille, mazette, au lieu de retomber gentiment. Comment, dans ces conditions, échafauder un Y de base ? Je vous jure. Gladys se cassait la tête à essayer de comprendre pourquoi tout n'allait pas comme d'habitude.

Elle savait faire, pourtant. Une bonne toile, caoutchouteuse et collante, ça n'avait pas de secrets pour elle : mais là, ça n'avait plus ni queue ni tête, ça partait en quenouille. Et puis à force d'obstination, n'est-ce pas. À force de patience. Oh, ce n'était pas réglo-réglo, pas absolument symétrique, plus du tout cette géométrie parfaite d'autrefois. Mais ça ferait son office. À supposer que des insectes passent par là, dans cette cassette étanche, vitrée, dont les aérations semblaient offrir des orifices bien trop minuscules pour que s'y glissent de futurs plats de résistance.

On avait quand même tendu son piège, et on avait bien fait. Car ceux de la Nasa, régulièrement, vous fourniraient en mouches, qui viendraient se prendre dans votre filet, sans s'arrêter aux considérations esthétiques.

Et notre Esmeralda, comment se débrouille-t-elle ? Pas moins bien, et il existe des vidéos d'elle chassant de malheureuses drosophiles. Sournoise, aux aguets, fine, gracieuse si l'on veut mais toujours avec cette mine détestable qu'ont les arachnides, surtout avec ces affreuses chélicères prêtes à vous dispenser le venin qui pour l'heure stagne dans sa glande, elle se déplace dans sa cassette en aluminium, dans laquelle, vaille que vaille, elle aussi a tissé sa toile. Son petit corps se duplique dans le métal, qui en renvoie le reflet atroce et menaçant. Esmeralda et son double se propulsent par courtes avancées brusques, des saccades de créature de jeu vidéo ; et voici qu'elle capture une mouche, une de ces mouches à fruits qui croyait entreprendre ce voyage pour servir à la science, et qui ne fait finalement office que de repas à une araignée qui prend toute la gloire pour elle. La pauvrette est avalée sous nos yeux par une Esmeralda triomphante.

Or ce n'est pas fini. Voici qu'une autre mouche est lâchée dans la cage. Ni une ni deux, hop, notre Esmeralda lui saute dessus et la neutralise itou, piqûre de sécurité, avec cette variante qu'au lieu de la manger tout de suite elle l'enveloppe d'une bonne dose de fil. Puis elle revient vers le centre de la cassette et de ses deux pattes avant donne de brefs coups dans l'air, comme en une boxe imaginaire, c'est qui la meilleure. Elle la tient pour aujourd'hui, sa seconde victime, laquelle, du temps où elle était encore serrée parmi les autres dans une cassette à mouches, s'était peut-être fait cette remarque qu'elle rêvait d'autre chose, comme vie, que ces jours claustrés où tout le monde lui passait dessus, et avait dû commencer à ruminer dans son for intérieur les moyens de s'échapper d'ici. Elle qui aspirait à quitter ces compartiments étouffants, surpeuplés, pour s'en aller au moins voler du côté de la Coupole et se cogner à ses vitres comme n'importe quel insecte sur Terre, en regardant avidement, de toutes les forces de ses milliers d'ommatidies, la belle courbe de la planète sur laquelle volait encore le reste de ses congénères, elle finit empaquetée comme une momie dans le garde-manger d'une araignée à laquelle le mal de l'espace n'a pas coupé l'appétit.

Hexapodes et chélicérates, allez, ne sont pas les seuls dont on étudie le comportement dans l'espace, et voyez-moi ces tomates qui se contentent de rougir dans leur coin sans rien dire, ou ces graines de concombre, bien sages elles aussi. Le grand responsable des graines de concombre, c'est Satoshi. Il s'occupe de les planter et d'analyser la façon dont la microgravité en affecte l'oxyne, une hormone végétale. De telles études peuvent recevoir toutes sortes d'applications sur Terre ; mais elles seront bien utiles aussi dans l'hypothèse, paraît-il de plus en plus sérieuse, de longs vols vers Mars (vous et moi, je ne pense pas, mais vos enfants peut-être, vos petits-enfants), où on sera bien contents d'avoir un potager dans sa fusée.

Et ce n'est pas plus mal, remarquez, qu'on termine ce chapitre par des considérations sur ces potagers de l'espace, car dans le chapitre suivant, calendrier oblige, il sera surtout question de nourriture (quelle transition, mes amis).

26

Le septième jour de mission est en effet celui de l'*American meal*. Est-ce que ce ne serait pas sympathique, s'était dit Sandra, pour ce dernier vol de navette, de vivre un événement en symbiose avec tous les Américains qui se trouvent au sol ? Et elle avait eu l'idée de ce repas, que leurs compatriotes pourraient partager symboliquement avec eux depuis leur salle à manger. Une convivialité virtuelle, en somme, mais où tous avaleraient la même chose. En l'occurrence, une sorte de menu type : poulet grillé, maïs, haricots blancs à la tomate (les fameux *beans*), et pour le dessert, une *apple pie*.

Pour l'occasion, on a invité tous les habitants de la Station sur le *middeck* d'Atlantis. Voici Sasha, dans son polo épinard col citron vert, Sergueï, en turquoise, et Andreï, dans son polo vermillon qu'il a entièrement boutonné jusqu'au cou et dont le col a tendance à se retrousser vers le menton, où il joue alors à porter de courtes ombres mobiles sur sa mâchoire. Ron a retroussé les manches du sien, un bleu pétrole. Satoshi arbore un polo prune, Mike un tee-shirt blanc. La maîtresse de maison a choisi ce polo fraise à manches longues et col blanc qu'on lui voit souvent porter sur la Station, et ses acolytes, des tenues dépareillées : pour Doug, un tee-shirt bleu nuit, pour Fergie, un tee-shirt bleu cobalt barré en lettres safran de la mention DREXEL, j'espère que vous vous représentez bien tout ce petit monde, et quant à Rex, son polo à larges rayures marine et jaunes est un peu vaste, à mon avis, qui grigne, godaille et plisse aux manches.

Et on mange tous ensemble, parmi quelques ballots qui, quoique retenus par des sangles, ondulent contre les parois comme des algues. Les uns sucent leur paille, d'autres ont une cuiller à la main, voire une fourchette (regardez Sergueï), et on avale du thermostabilisé, forcément, du déshydraté, il faut bien s'en contenter, au contraire des convives imaginaires restés sur Terre. Répartis autour de quelques boîtes de conserve et de sachets de nourriture aimantés, nos commensaux s'efforcent de donner l'image d'une assemblée la plus digne possible, mimant pour la plupart un genre de position assise, au pire restant debout. Et sauf pour Sandra, heureuse de profiter au maximum des ressources de l'impesanteur, la plus à l'aise d'entre eux tous, on dirait, et qui n'hésite pas à survoler la scène, planant au-dessus de ses camarades, sa pochette argentée à la main.

C'est sans doute le moment d'effectuer un petit flash-back, que nous intitulerons : Sandra, cuisinière de l'espace.

Car, lors de son séjour précédent, trouvant l'expédition un peu longuette pour y mâchouiller toujours les mêmes plats sommaires et monotones, Sandra, qu'à cela ne tienne, s'était dit : Transformons-nous en cuisinière de l'espace.

Il y avait là, après tout, une dimension expérimentale. Cuisiner en impesanteur est plus qu'un passe-temps, ou une gentille attention à l'égard de ses collègues, un véritable objet de recherches dont on pourra tirer des enseignements.

Songez à tout ce que vous faites sans y penser, dans votre cuisine, et qui sur la Station devient proprement inimaginable. Ne parlons même pas de ce rite, favorable à votre concentration, en quoi consiste le fait de nouer un tablier autour de votre taille, car ses pans, au lieu de pendre gentiment sur vos cuisses, vous aveugleraient, se relevant incontinent et vous masquant la vue sur ce que vous êtes en train de faire. Oublions le tablier.

Pensez seulement au plaisir vague que vous éprouvez à couper vos légumes sur un plan de travail : que deviendra-t-il, si vos rondelles se font la malle, dansotant autour de vous ? N'espérez pas non plus, pelant naïvement une pomme de terre en sifflotant et sans penser à mal, constituer un monticule même désordonné de pelures, que vous jetteriez plus tard d'un geste rapide et désinvolte à la poubelle, non, car les lamelles de peau brune se verront dotées de la même autonomie que leurs amies rondelles.

Vous voudriez verser de la farine dans un saladier, malheureux, malheureuse ? Mais cette poudre blanche vous couvrirait comme neige, vous blanchirait les cheveux, se répandrait comme cendre, voletterait en un brouillard affreux entre les parois du module, s'engouffrerait dans les aérations et, s'amalgamant au contact de l'humidité, commencerait à y produire une colle qui risquerait bien de vous asphyxier tous.

Cuisiner dans l'espace relève vraiment du défi.

Chacun des empêchements liés à l'absence de gravité devenait pour Sandra une petite énigme excitante à résoudre.

Le maître mot, vous dira Sandra, c'est l'assemblage. Au lieu de vous contenter d'un seul sachet de nourriture préparée, dont vous avez vite fait d'épuiser les saveurs, vous en mélangerez plusieurs, et vous y associerez, quand c'est possible, des produits frais. Comment cuire un produit frais, en l'absence de la moindre batterie de casseroles ? Vous faites bien de poser la question. Le mieux, semble-t-il, est d'utiliser les conditionnements en aluminium qui ont servi à la nourriture russe. Vous y fourrez par exemple de l'oignon et de l'ail, vous ajoutez délicatement un soupçon d'huile d'olive, et hop, vous les mettez à chauffer. Mais patience, n'est-ce pas, car la cuisson exigera bien quatre ou cinq cycles de vingt minutes chacun.

Rendons à César ce qui est à César : Sandra s'inspirait là, elle ne s'en cache pas, d'un procédé qui avait été mis au point par Peggy Whitson. Vous vous souvenez de Peggy, que nous avons vue dans sa combinaison bleue distribuer les cartes à nos astronautes ? Elle adore l'ail, et elle avait trouvé cette solution. Elle avait participé deux fois à des missions longues, et elle aussi considérait que l'aspect gastronomique du voyage n'était pas un détail. Cela ne l'empêchait pas par ailleurs d'être une pro des *spacewalks*, et elle est sans doute l'une de celles qui ont passé le plus de temps à « marcher » dans l'espace.

De Peggy, j'aimerais vous montrer cette photo où on la voit poser avec ses deux collègues sur le module Zvezda, un 24 décembre. Elle porte un bonnet de père Noël dont le pompon banc fait sa vie librement au-dessus d'elle. Son collègue de droite (Youri Malentchenko) affiche exactement le même type de déguisement standardisé (feutrine bon marché, pompon synthétique), tandis que celui de gauche (Dan Tani, dont vous entendrez encore parler plus loin à propos de circonstances plus sombres), qui manifestement ne disposait pas d'un tel accessoire, s'est débrouillé pour faire la blague avec un de ces bonnets de montagne rouges, vous savez. Derrière eux, trois chaussettes blanches, qui portent chacune leur nom, sont fixées à une barre, et Youri tient un petit arbre de Noël, en plastique, on imagine (songez au temps que vous mettez, après les fêtes, à aspirer votre salon, maculé d'épines véritables : là-haut, ne m'en parlez pas, ce serait une catastrophe). Mais surtout, voyez la composition de l'image : la photo les cadre assez serré, Peggy, bien au centre, Youri, à sa droite, la tête en haut de l'image, comme elle, et Dan, à sa gauche, mais la tête en bas, exactement tête-bêche avec elle ; et ils ont l'air dans une boîte à chaussures, tous les trois, rangés au plus juste.

Bref, experte en sorties extravéhiculaires, adepte de ski nautique, et touchant sa bille au basket (le ski nautique aussi pouvait lui procurer de grandes joies), Peggy avait trouvé cette astuce culinaire (un reste, peut-être, de ses expériences de biochimie, et des heures passées devant la paillasse), dont Sandra avait été bien contente de bénéficier sur son expédition 18.

Ce que Sandra y cuisinait ? Oh, ce n'est pas bien difficile de donner des exemples, elle a posté des descriptifs sur internet. Nous parlions de Noël il y a un instant. Eh bien pour le Noël qu'elle a passé sur la Station, elle vous a concocté un menu de derrière les fagots. Deux entrées. Je vous donne peut-être la recette de la salade au crabe ? Ingrédients (pour six personnes) : deux boîtes de crabe (Sandra en avait apporté dans son propre lot de nourriture), deux boîtes de maïs, œuf brouillé (forcément déshydraté), mayonnaise, raifort. Temps de préparation : hum, celui de l'assemblage, je pense, car je ne vois rien à faire cuire. Vous réhydratez le sachet d'œufs. Vous ajoutez avantageusement un peu de raifort à la mayonnaise. Et vous mélangez la chair de crabe, les grains de maïs, les œufs, cette mayonnaise améliorée. Entrée n° 2 : du thon (toujours en boîte), mariné, mes chéris, au citron et au gingembre. Le plat, un plat, vraiment, de résistance, saucisses et *cornbread* (un genre de pain à la farine de maïs), avec une touche de miel, dans un effet sucré-salé dont vous me direz des nouvelles. Quant au dessert, on avait pu déguster un échafaudage de gaufres, de biscuits à la vanille et de baies (myrtilles ou canneberges), qui vous avait tout à fait l'allure d'un vrai gâteau.

Si vous consultez le site, vous trouverez aussi, l'idée est jolie, le menu d'une nuit italienne. On met le fromage et la tomate séchée au cœur des choses, on pense aux drupes globuleuses et oblongues des olives (toute la Méditerranée, ça), et on vous essaime le tout, pourquoi pas, de morceaux de poulet (je ne sais pas ce qu'en dirait Samantha).

Ou encore, et je termine ce chapitre là-dessus, elle leur avait préparé des bricoles à grignoter à l'occasion du Super Bowl, la finale du championnat de football américain, pour renouer avec les habitudes terriennes, et même si le football américain, Sandra, elle ne s'y intéresse pas plus que ça. Non, depuis son enfance, où son père l'entraînait, son truc, Sandra, c'est le foot (ce que là-bas on appelle *soccer*).

27

Il faut imaginer la lumière des ciels vastes de l'Illinois puis du Missouri friser l'herbe, et les nuages d'haleine quand on court dans l'hiver qui approche, tout le grand dehors que c'est et dont on s'emplit les poumons dans les à-coups des courses essoufflées qu'on mène sur le terrain, le corps en alerte, et les yeux qui suivent le ballon et calculent les positions respectives des joueuses jusqu'au moment où on entre en scène. Du bout de la chaussure alors on dribble, et va-t-on faire la passe à gauche ou à droite, tandis que le corps de l'attaquant, auquel vous venez de subtiliser le ballon (Sandra est dans la défense, ailier droit), vous gêne et qu'il ne faut pas perdre la perception de tout ce qui se déroule autour. Puis voici que, d'un habile jeu de jambes, on choisit de lancer la balle à Une telle dont on devine la silhouette toute proche, tendue, et qui réclame d'entrer dans la danse, vlouf, à moins qu'on n'essaye une ouverture, tenez, le ballon loin, loin, pour changer la donne, parce qu'ici tout semble bouché. On s'engage dans un lob, et ainsi de suite, on alterne petites passes serrées et larges mouvements en cloche.

Le temps de la partie, tout ce qui compte au monde devient le ballon, mais aussi ce relais, de l'une à l'autre, jusqu'à celle qui parviendra à le projeter contre le maillage souple des buts, entre les poteaux, dans le filet où il se prendra comme un gros poisson vivant, dont le corps lourd mais vivace rebondira encore. C'est cette attention aiguë, constante, à la distribution des joueuses sur le terrain, laquelle évolue à chaque instant, et à ce qu'on sait de chacune, de sa personnalité, de ses compétences, oui, si bien qu'au grand air comme ça, on se trouve reliée à toutes les autres dans un tourbillon d'amitiés folles et d'affrontements magnifiques.

Tandis qu'on expérimente toute cette solidarité dans la force de ces moments communs, il paraît qu'on en apprend un peu plus sur soi aussi, sur la façon dont on devient capable de prendre des initiatives, le ballon dans les pieds et tous les yeux alors qui se tournent vers vous (qui devenez le point de mire), et comment se débrouiller de tous ces regards, hop, hop, comment, dans un mélange de timidité et de fierté, de détermination et d'incertitude, s'y sentir heureuse.

Et puis, de trop baigner comme ça dans les regards des autres, une bévue, cela arrive aussi, parce qu'on sera restée à dribbler un peu trop longtemps, qu'on aura essayé le beau mouvement fanfaron d'une tête plongeante, qu'on aura tenté un coup inadapté, au vu de la somme complexe et sans cesse réagencée des paramètres, un éclat qu'on aura voulu faire et qui se transformera en catastrophe. Une bévue de cette nature, oui, Sandra en avait commis une, une fois, dont elle avait mis un peu de temps à se remettre, mais qui lui avait été utile, disait-elle, aimant à tirer des leçons de son expérience, à transformer les échecs en des maximes qui servent pour plus tard.

C'était à l'université, et le goal de son équipe, à l'époque, s'appelait Lisa Frumhoff. Si vous interrogez Lisa, qui semble elle-même avoir été une gardienne de but hors pair, elle vous dira qu'avec Sandra à la défense, tout devenait facile. Sandra vous blindait vraiment les choses, et elle qui, dans les débuts, était plutôt introvertie, avait pris de l'assurance jusqu'à devenir une sorte de leader. Oui, mais un jour où on joue contre l'université de Missouri-St. Louis, elle est là, sur le stade, elle tâte le ballon, et paf, elle l'envoie sans le vouloir, devinez où, dans les buts de Lisa. Déroutée, Lisa n'a pas le temps de réceptionner la balle, et Sandra marque contre sa propre équipe. Pire, ce but-là leur coûte la victoire.

C'est pour Sandra un souvenir mortifiant, mais aussi un souvenir actif. Chaque fois que quelque chose va un peu de travers, elle y pense. De cet apologue, elle a tiré une morale : il ne sert de rien de se morfondre, il ne faut pas mariner dans sa honte, dans son coin, mais seulement aller de l'avant.

Aller de l'avant, c'est ce qu'elle fait, Sandra, et je ne vous cache pas que je suis parfois un peu désarçonnée par ce volontarisme si éloigné du tempérament ordinaire de mes personnages, qui préfèrent la rêverie à l'action, toujours enclins à se faire de petits romans, incertains de ce que la réalité leur réserve. Poreux. Attentifs à la complexité qui innerve chaque instant. Éperdus, parfois. On ne peut pas imaginer de personnage plus déterminé que Sandra. C'est du moins l'image qu'elle donne, celle de quelqu'un qui, je ne pensais pas utiliser un jour de tels mots, classe ses priorités, qui se donne des buts bien définis, et des calendriers pour les réaliser.

Mais cette différence m'attire, et je trouve, oui, un charme bizarre à cet acharnement que Sandra met à paraître d'un bloc. Dans cette univocité militante, il y a quelque chose qui m'intrigue. Une énigme. Un mystère, que je ne chercherai pas à percer. Car je me doute que c'est aussi un mystère au sens de ces glaces qui contiennent en leur centre un petit morceau de meringue friable, qui est leur secret mal gardé.

Je n'irai pas chercher cette meringue au cœur de la glace qui l'entoure, sous le rempart de noisettes. Elle est la part secrète, enfouie, le noyau actif et recouvert, qui appartient à Sandra seule, et dont il est bon que nous ne le sachions pas. Pour Sandra, comme pour nous : n'est-il pas doux qu'un personnage conserve son mystère ?

Enfin, oui, le foot, dès l'enfance à Belleville, Illinois, association de maisons de briques et de façades à clins, de pelouses et de trottoirs plantés d'arbres que la neige devait couvrir l'hiver, mais sur lesquels au printemps, en été, les feuilles forcément projetaient leur pochoir, un dessin d'ombres portées comme de la dentelle, sur lequel Sandra devait appliquer ses petites semelles d'enfant. Le Sky-View Drive-in, est-ce qu'ils y allaient, l'été ? L'écran, déjà détruit par un ouragan en 1955, avait été abîmé par une tempête en 1981, et Sandra s'en souvient-elle, qui avait dix-sept ans ? Et puis il y avait aussi le Lincoln Movie Theatre, un cinéma de quartier, qui n'a presque pas changé depuis.

De Belleville, en tout cas, Sandra aimait que tout le monde s'y connaisse. Et aussi la proximité de la campagne. C'était la ville sans les inconvénients de la grande ville, et elle a déclaré que c'était un endroit parfait pour grandir. *A perfect place to grow up*. A perfect place. Parfois, je vous l'accorde, on aimerait voir Sandra exprimer un regret, mettre un bémol à quelque chose. Mais c'est comme ça. Une parole en mode majeur. A perfect place.

Pour en revenir au Super Bowl, la finale, donc, ne passionne pas Sandra, mais elle a sa théorie, sur les rites, qui lui semblent une chose précieuse et nécessaire, surtout quand on se trouve à mille milles de toute terre habitée et qu'à quelques individus seulement il nous faut reconstituer un semblant de société. Les traditions deviennent alors, plus encore qu'au sol, de ces riens auxquels il est doux de se raccrocher. Elles mettent aux instants qu'on passe sur la Station comme un cocon, quelque chose de douillet, dont on avait bien besoin, et qui vous relie non seulement à ceux d'en bas, mais à vous-même, à celui ou celle que vous étiez quand vous alliez et veniez chez vous comme un Terrien ordinaire.

Alors, pour ce Super Bowl, qu'on ne regarderait pas depuis un canapé, confortablement assis devant un vieux poste de télévision, mais toujours dans ce bizarre état de flottaison qui fait la texture même des moments qu'on passe là-haut, face à l'écran d'un ordinateur, elle leur avait préparé des snacks, comme à la maison. Elle avait fait circuler un mélange de tomates séchées et de sauce piquante, qu'elle avait intitulé « sauce de l'espace » (pourquoi pas), ainsi que, dans une autre pochette, une mixture d'épinards déshydratés, de champignons (en soupe lyophilisée) et de fromage, auxquels, pour obtenir cette consistance, elle avait ajouté de l'eau, servez-vous. Suivraient des *beans* agrémentés de rondelles de saucisse et, tenez-vous bien, d'oignons coupés en dés. Je dis « tenez-vous bien » parce que les oignons coupés en dés, à en croire Sandra, nécessitent une maîtrise très élevée : c'est

Graduate school level, déclare-t-elle, au moins niveau Master, voyez.

Diplôme obtenu, par conséquent, dans la discipline de la cuisine orbitale, dont Sandra, on l'en félicite, a largement contribué à poser les bases.

28

Si l'*American meal* était donc, de ce septième jour, l'événement marquant, il convient de ne pas passer sous silence d'autres petits moments qui ont eu chacun à sa façon leur importance (voire, pour certains, n'hésitons à prononcer le mot, leur agrément).

On s'était réveillé sur la voix de Michael Stipe, du groupe R.E.M., qui chantait a cappella quelques mesures de *Man on the Moon*. Shannon était là, fidèle au poste, et ce matin elle avait choisi une veste coquelicot. Et elle leur avait égrené la liste des *facienda*, sans se laisser distraire par son collègue de droite qui, arrivé en retard, sur la fin du morceau, se glissait dans le siège voisin et enfilait son casque audio, déroulant le câble, s'agitant (à l'inverse de Kwatsi Alibaruho, impeccablement assis en gilet de flanelle grise d'où sortaient les manches d'une chemise blanche). Le temps alors qu'elle lance un *Thank you* à l'adresse d'Atlantis et qu'elle effectue un quart de tour sur son fauteuil pour s'en aller poser sa feuille derrière elle, le collègue était enfin prêt.

On sait que ce matin-là, au petit déjeuner, Doug a pris de l'avoine avec du sucre brun, et Rex une galette de saucisse. Puis on avait continué à vider le module Raffaelo, pendant que les Russes, eux, avaient remplacé un gyroscope.

On avait donné quelques interviews, un exercice auquel on était rompus.

Quand les journalistes avaient posé à Sandra la question de savoir comment elle se sentait, là-haut, sur la Station, elle avait répondu que, pour elle, c'était un peu sa maison. Il y avait des choses qui avaient changé, bien sûr, depuis son dernier séjour. La Station s'était agrandie, avec les trois modules ajoutés. La coupole, on le sait, n'était pas là il y a deux ans. Mais Sandra avait retrouvé, par exemple, des paquets sur lesquels il y avait son écriture. Des paquets qui étaient restés, depuis le temps de son expédition, et ça lui avait fait tout drôle. Alors voilà, c'était comme le sentiment d'être de nouveau chez soi.

It feels like home, avait résumé Sandra.

Fergie avait renchéri. C'était bien la sensation qu'elle donnait, Sandra, d'être chez elle. Tout, ici, semblait étrangement confortable pour elle, et il avait ajouté combien c'était agréable pour eux de la voir évoluer sur la Station si naturellement.

C'était une interview en binôme, et on leur avait demandé s'ils voulaient bien faire un petit saut périlleux pour la chaîne, en gravité zéro. Ils avaient bien voulu. Fergie était parti dans un saut arrière (mais périlleux, dans ces conditions, non, on ne pouvait pas dire), et Sandra dans une roulade avant, l'un après l'autre, d'abord, et puis une seconde fois, tous les deux, presque synchrones, Sandra, bien groupée sur elle-même, les mains sur les tibias, et Fergie se servant de ses bras pour se propulser en arrière, un peu comme des rames qui brasseraient l'air au lieu de l'eau. Puis Fergie avait levé les pouces, comme on fait parfois pour dire que tout est au petit poil, pendant que Sandra avait prolongé le spectacle. Elle était partie de côté, cette fois, et, s'aidant d'une prise au-dessus d'elle, elle avait basculé sur sa gauche, tout en tenant le micro et en s'assurant qu'elle ne se prenait pas la taille dans son fil (Sandra, là-haut, on vous l'avait fait entendre, comme un poisson dans l'eau). Elle était tête en bas, à présent, pour ainsi dire, en tout cas dans le sens de l'image, celle qu'ils recevaient, sur les moniteurs des studios télévisés, tandis que Fergie restait debout. Et ils se présentaient comme ça, tête-bêche, Fergie, les deux pouces toujours en l'air, et Sandra, à faire un salut amusé de la main droite, toujours à l'envers, si l'envers, là-haut, avait un sens.

On les avait aussi interviewés tous les quatre, et, question show, ça avait été rebelote. Tout était parti d'une remarque d'un journaliste, qui disait qu'à les regarder, comme ça, bien droits, tous les quatre, rien ne révélait qu'ils étaient vraiment dans l'espace. Sandra alors avait ôté sa barrette, mais on aurait dit que cette couronne de cheveux autour d'elle, ça ne leur suffisait pas. Fergie, qui se tenait au premier rang avec Doug, en guise de réponse, avait fait une galipette. Derrière lui, Sandra et Rex avait renchéri en se mettant à flotter. On s'en donnait à cœur joie. Tout le monde riait.

L'après-midi, après l'*American meal*, c'était temps libre, et on avait pu vaquer chacun à ses occupations.

Ça vous dirait, un peu de sport ? Allons prendre soin de notre masse musculaire. Je vous propose, vous avez le choix, vélo (vous êtes prié d'appeler ça un cycloergomètre), tapis roulant ou ce système de tendeurs, paraît-il assez efficace – je crois qu'on préfère encore la bicyclette.

Il faut vous imaginer un cadre flottant, rattaché aux parois du module, auquel sont fixées deux pédales. On monte sur cet édifice sommaire, on cale bien ses pieds, on n'oublie pas de se sangler à la taille. Vos mains ? Il n'y a pas de guidon, vous m'avez bien comprise. Vous n'aurez pas cette position voûtée qu'ont habituellement les cyclistes. Et il n'y a plus qu'à pédaler.

On pédale, on pédale, et on repense, par exemple, au centre sportif réservé aux astronautes, sur le site de Houston, à la vie là-bas, aux bureaux du sixième étage du bâtiment 4-S, dans lesquels Sandra a longtemps travaillé, dans la zone de Clear Lake, pas loin de la Galveston Bay. J'y penserais, moi, en tout cas, à leur place, à pédaler comme ça. Et je reprends le carnet dans lequel j'ai glissé le dessin que Jean-François Clervoy m'a fait de la disposition des lieux, du tracé de la baie.

Le complexe sportif n'était qu'à quelques kilomètres des bureaux, on s'y rendait dans sa voiture personnelle. Et Jean-François (Billy Bob, comme l'appellent les Américains, qui trouvent, paraît-il, dans le « fr » de « François » un obstacle presque infranchissable) était particulièrement sensible à des détails bien agréables, dont ce trousseau qu'on vous fournissait (survêtement, raquette de squash et tout le tralala) et ce gentil luxe du bac à linge sale, dans lequel, juste avant de vous prendre une douche bien relaxante après l'effort, vous n'aviez qu'à fourrer les vêtements où vous aviez transpiré, lesquels vous retrouviez le lendemain propres, on était aux petits soins avec vous, bien pliés et rangés dans votre casier.

À propos, j'espère que, dans l'entrain et la chaleur qui vous gagne à pédaler comme ça, vous ne vous êtes pas aventuré à ôter votre tee-shirt, continuant bravement torse nu et soufflant en pensant à Jacques Anquetil, à Eddy Merckx, à Bernard Hinault, à Laurent Fignon ou à Thomas Voeckler, selon la génération à laquelle vous appartenez. Ce n'est pas que je craigne qu'il s'envole, forme flasque et indocile, fuguant étourdiment tandis que son propriétaire, bien harnaché au cycloergomètre, continuerait à s'épuiser tout seul, non, je me doute que depuis le temps que nous volons ensemble vous auriez songé tout de go à le coincer sous une sangle ou à le coller contre un scratch. C'est d'un autre genre d'épisode comique que vous risqueriez de devenir le héros.

Car voici ce que raconte Jean-François Clervoy.

Un astronaute tout fringant et torse nu s'installe sur sa bicyclette ergométrique et commence de pédaler, je ne dis pas en sifflotant, mais du moins l'esprit serein, plein de bonne volonté sportive, et, pour ainsi parler, innocemment. Il pédale, il pédale, et dans l'effort la sueur peu à peu inonde assez naturellement son dos. Elle finit par y former une flaque, laquelle, c'est là que les choses se corsent, entreprend lentement de se décoller de sa peau (tout à son effort, notre cycliste ne se rend compte de rien) et, telle, si vous voulez, une crêpe, traverse le module, autonome et têtue, pour s'en aller s'écraser, misère, sur une astronaute qui passait par là – et qui, on peut la comprendre, réagit aussitôt avec une certaine violence verbale (je vous avais bien dit de conserver votre tee-shirt).

Vous avez plutôt choisi le tapis roulant? C'est votre droit, et, à courir comme ça, vous me rappelez Sunita Williams, harnachée à son tapis, et courant bravement le marathon de Boston de 2007 en temps réel depuis la Station. On lui avait envoyé un dossard symbolique, qu'elle n'avait pas eu les moyens de coudre à son tee-shirt ni de thermocoller, mais qu'elle avait fixé à l'arrière du compteur sur lequel elle vérifiait le nombre de kilomètres accomplis. Elle avait organisé un petit dispositif, s'entourant de deux ordinateurs : l'un, à sa droite, et qui la forçait à tourner un peu la tête, lui indiquait la position de la Station par rapport à la Terre, tandis que sur le second, placé à sa gauche, mais mieux aligné par rapport à l'axe de son visage (je dirais, à midi moins sept), s'agitaient des images des rues de Boston envahies par les marathoniens, qui l'aidaient à s'immerger dans sa course.

C'était un lundi de printemps sur la Terre, une journée frisquette et pluvieuse de la mi-avril, un temps hostile, qui donne plus envie de rester à cocooner chez soi que de s'exposer aux fléchettes de l'averse. Ils étaient pourtant vingt-trois mille à se faire tremper jusqu'aux os pendant quarante-deux kilomètres, défilant au coude à coude sous les yeux des badauds qui se pressaient sur les trottoirs, les uns sous un parapluie, les autres en capuches. Certains arbres étaient en fleurs, dans les rues de Boston, beaucoup étiraient leurs branches maigrelettes et nues encore (il y avait, autour de soi, comme un conflit des saisons). Les drapeaux, plantés partout, flottaient laborieusement, alourdis par la pluie. Leur toile trempée pesait et résistait au vent, et cela leur donnait un air boudeur, comme s'ils piquaient du nez, voyez, au bout de leur hampe, long cou décharné.

Parmi les coureurs, on pouvait compter la sœur de Sunita, Dina, ainsi qu'un ami de longue date, un certain Ronnie, mais aussi Karen, figurez-vous, la femme de Doug, avec laquelle Sunita avait fait le marathon de Houston l'année précédente. Elle connaissait bien Boston, Sunita, elle avait grandi dans la région, et même participé au marathon adolescente, je crois. Elle en savait le trajet, depuis Hopkinton jusqu'à la Back Bay, et elle pouvait les imaginer sans peine longeant les façades des maisons victoriennes couleur vieille glace à la fraise, avec leurs escaliers extérieurs et leurs bow-windows, faisant défiler à leurs flancs toute cette hétérogénéité mesurée, étudiée, de la ville de Boston, qui mêle la brique et le fer forgé, la pierre rustique et le béton, le grès et l'acier, faite de bric et de broc, dans les matériaux comme dans les formes (ici, tel bâtiment s'élève, dans un effet de verticalité ostentatoire, là, tel autre s'ancre au sol, longiligne et rythmé), mais où tout tient bizarrement ensemble. Et voici, tenez, des gargouilles, accrochées à une façade dont le faux gothique côtoie des architectures véhiculant la mémoire du style roman, tandis que plus loin, dans le frisson d'une inspiration hellénique, de franches colonnes ioniques supportent un toit pentu d'où émergent sans façon plusieurs cheminées rectangles – et ainsi de suite, au rythme de leur foulée.

Le macadam trempé réfléchissait les silhouettes, et les rues étaient devenues de grands miroirs où les corps colorés des coureurs se dupliquaient. La pluie les martelait, les frappait aux épaules, les flagellait, était-ce pour les exhorter à aller plus vite, des lanières de pluie cinglantes comme le fouet qui lacère les galériens, et eux, les marathoniens, à souffler, à cracher, à transpirer dans les rues de Boston, troupeau de forçats que le ciel méchamment exhortait et pressait. Aussi bien, on aurait dit que c'était pour échapper à toute cette pluie qu'ils couraient, pour offrir le moins possible aux gouttes insistantes et nombreuses la surface vulnérable de leur corps, engagé dans une fuite en avant. Des corps de Terriens, qui éprouvaient l'asphalte sous leur semelle, qui bravaient la gravité, composant avec la force du poids et avec celle de la résistance, et qui s'essoufflaient dans les côtes. Car il y en a, sur la Commonwealth Avenue, oui, et puis le pire de tous, le passage pas piqué des hannetons de Heartbreak Hill, et moins encore en raison de son inclinaison, paraît-il, qu'à cause du moment de la course où cette montée intervient (une histoire de taux de glycogène, si j'ai bien compris, stocké dans les muscles, mais dont à force on a un peu épuisé les réserves). Il ne faisait pas chaud, ça non, 48° Fahrenheit (ce qui nous donne un petit 9 °C), il y avait de la brume un peu, et toute cette pluie, mes amis, toute cette pluie, lourde, obstinée.

Dans la Station, au contraire, la température est constante et agréable, il n'y a pas à dire : Sunita était en short (marine) et tee-shirt (itou). Mais, si les intempéries ne vous compliquent pas le travail, il y a d'autres désavantages, et surtout ce harnais, qui permettait à Sunita de ne pas jouer les Mary Poppins, mais qui vous tire sur les épaules et vous met sur les hanches une pression fatigante, gênant vite la circulation. De temps en temps, Sunita interrompait sa course pour boire à la paille d'une de ces pochettes argentées dont vous êtes devenus si familiers, pour réajuster ses sangles, pour se masser la cuisse, voire pour donner des petits coups dans sa chaussure à hauteur des orteils, qui s'étaient engourdis, sans doute à cause de l'effet sciant du harnais (décidément).

Tout était tranquille, sur la Station, le module était calme. Ceux de l'équipage dormaient encore, à cause du décalage d'avec l'heure de Boston. Sauf l'un de ses collègues, Oleg Kotov, qui était arrivé quelques jours auparavant en Soyouz, et qui, lui, question sports, préférait nettement la plongée, mais qui avait fait l'effort de se lever, pour la soutenir, et qui était venu prendre deux trois photos, comme ça, improvisant même un petit reportage vidéo.

Et elle courait, Sunita. On était loin du bruit des rues, de la foule des concurrents qui vous presse, vous gêne, vous bouscule, mais qui crée aussi ce mouvement général qui vous entraîne, et dont notre Sunita ne bénéficiait pas. Depuis Houston, tout ce qu'on pouvait faire, on lui adressait un commentaire, une plaisanterie, un encouragement, on l'informait des temps de sa sœur ou de Karen, pour qu'elle puisse s'imaginer au coude à coude avec elles. Dans le lit des avenues les corps défilaient, et est-ce qu'elle pensait, Sunita, aux sensations qu'on éprouve à courir sur la Terre, quand marcher même était devenu pour elle un lointain souvenir, et l'air des rues, et ce que c'est qu'une matinée d'avril dans le Massachusetts, avec le vent qui vous masse le visage ? Elle continuait à fouler le caoutchouc de son tapis en orbite au-dessus de la Terre, menant sa course en duplex, pour ainsi dire, au-dessus de cette foule pesante et multicolore qui s'échinait sur le macadam, et tantôt elle devait s'imaginer parmi eux, ceux-là ou d'autres, dont elle voyait les corps sur l'ordinateur, tantôt elle vérifiait sur le planisphère du second écran la position de la Station, histoire de reprendre une bouffée de réel.

Et Sunita courait, dans sa légèreté magnifique, mais aussi son volume inchangé et, partant, malcommode, et ce harnais qui devenait de plus en plus douloureux. Elle n'avait pas attaché ses cheveux, et ils ne cessaient d'onduler autour de sa tête au double rythme de l'impesanteur et du mouvement qu'elle imprimait à sa nuque dans l'élan. Quelquefois, elle passait la main au-dessus de son front, comme si elle voulait les ramener en arrière, ces cheveux, les plaquer (mais ça ne servait à rien, bien sûr). Ou bien elle essuyait d'un doigt un peu de sueur qui perlait entre sa lèvre supérieure et son nez, entre les fines crêtes, sur cette minuscule partie du visage qui s'appelle – mais comment s'appelle-t-elle, au fait ?

Au-dessus de l'arc de Cupidon, le philtrum, après vérification.

Enfin, ce 14 juillet 2011, on avait peut-être fait un peu de sport, on avait avancé le déménagement des ballots, répondu aux journalistes, tout ça pour dire qu'on commençait à prendre vraiment ses marques, et que la vie allait son petit train-train.

Du moins, c'était ce qu'on croyait.

29

Car voici ce qui s'est passé.

On s'est couché bien sagement et, après cette journée plutôt plaisante, on s'est, je pense, assez vite endormi.

Chacun se laissait aller aux récits chaotiques des rêves, auxquels le mouvement flottant du sac de couchage ajoutait je ne sais quel charme de ressac par mer douce (on finissait par y trouver un véritable agrément) ; et cela faisait à peine plus d'une heure qu'on tissait de ces fables extravagantes où les lieux se succèdent sans cohérence et où les gens se remplacent au pied levé, en des transformations aussi rapides que troubles, lorsque, au pire moment de la nuit, donc, quand le sommeil est réputé pour être le plus réparateur, l'alarme se met à sonner dans la navette.

Vite, vite, on descend la fermeture éclair de son sac de couchage, on s'en extrait, on se lève en urgence, on enfile un pantalon si on n'est pas déjà en pyjama ou en short, et on se retrouve tous les quatre, les yeux qui piquent et les idées pas bien au clair, la bouche pâteuse, qu'est-ce qui se passe ?

C'est l'un des cinq gros ordinateurs d'Atlantis qui est tombé en panne, le n° 4. Tout de même, c'est fragile, ces petites bêtes. Souvenez-vous, il y avait déjà eu un problème avec le n° 3 le jour où on devait s'arrimer à la Station.

Fergie prend les choses en main. En coordination avec Houston, on décide de transférer le programme dont cet ordinateur défectueux était en charge vers l'ordinateur n° 2. Ce transfert va durer quarante à quarante-cinq minutes, et, ouf, il réussit. Shannon les félicite. Vous avez fait un travail vraiment formidable. Au sol, tout le monde est d'avis qu'ils peuvent tranquillement aller se recoucher.

Euh, comment dire, Fergie trouve que c'est bien joli tout ça, mais ce réveil en sursaut, en plein premier sommeil, le stress occasionné, et ce travail supplémentaire, est-ce que ça ne risque pas d'entamer leur capital forme pour demain ? On aurait bien besoin d'une récupération. Si on pouvait décaler l'heure du réveil, demande-t-il à Shannon, même d'une petite demi-heure…

Shannon est conciliante. Pas de problème. Passez une bonne nuit.

C'est donc trente minutes après l'heure initialement programmée que le lendemain Shannon envoie sur Atlantis les premières notes de *Good Day Sunshine*.

Vous aurez reconnu la voix de Paul McCartney qui, dans un message tout aussi préenregistré que ses confrères, les enjoint de se réveiller : *Good morning, guys, wake up !*

Dont acte. On se lève, Fergie et Doug travaillent à restaurer l'ordinateur tombé en panne pendant la nuit, et pour le reste, les deux grandes occupations de la journée, ce sont la poursuite du chargement de Raffaelo, dans lequel on fourre tout ce dont on ne veut plus sur la Station, en ondulant toujours entre les boyaux comme des têtards (ou eux, têtards, et elle, sirène, comme on voudra), et toujours les interviews, qui occupent pas mal de place, et qui sont l'occasion de commencer à faire de petites synthèses des jours vécus là-haut.

On s'y présente tantôt en binômes (Fergie en polo bleu Nattier, Doug en polo vert olive, l'association de couleurs est plaisante), tantôt tous les quatre (en deuxième ligne Sandra en polo prune et Rex en polo beige à manches longues). On y évoque des faits tout récents (Fergie parle de l'épisode de l'alarme de la veille au soir), ou d'autres qui se sont déjà un peu déposés dans la mémoire. Doug revient sur le jour de la *spacewalk*, où il actionnait avec Sandra le bras robotique depuis la coupole, et il s'émeut des images fortes qu'ont laissées en lui les silhouettes de Mike et de Ron accomplissant leur marche dans l'espace. Des images, je cite ses propos, dignes d'un film de science-fiction.

On recycle des anecdotes plus anciennes. Fergie raconte une histoire que j'ai entendue ailleurs. Il venait d'être inscrit pour la première fois sur un vol spatial, et, comme il était allé voir la navette avec son commandant, ce dernier lui avait demandé : Tu crois qu'ils vont nous laisser emmener cette merveille dans l'espace ?

Il y a des choses qu'on ressasse, d'un jour à l'autre, d'une interview à la suivante. Doug, au sujet de leur charge de travail, plus lourde que sur les autres missions, Sandra, à propos du sentiment de la maison. À la minute où l'écoutille s'est ouverte sur la Station, elle s'est sentie chez elle. Insiste-t-elle. On se répète, et c'est bien normal, car il y a beaucoup de choses qui n'ont pas changé depuis les interviews précédentes. On essaye des variantes, on module, mais dans l'ensemble, c'est un peu la même chose qu'on dit, je sais ce que c'est.

Pire, on a parfois le sentiment que c'est le même texte interchangeable qu'ils récitent, et qui circule d'un astronaute à l'autre, d'une mission à l'autre. Sur la beauté de la Terre et sa fragilité, par exemple. On tente tout de même de l'illustrer de manière un peu personnelle, on cite un cas particulier, on livre un fragment arraché à sa propre vie : Doug décrit une aurore au-dessus de l'Australie, qu'il a regardée la veille depuis la Coupole. Et puis de nouveau on généralise, on entérine, on remet ses pas dans ses propres traces, comme dans celles de ses collègues. Quelquefois aussi on improvise, on fait une petite trouvaille stylistique, qui dédommage de toute cette redite. Une image, comme un joyau, qui ouvre les choses dans la phrase toute faite, qui crée une perspective. Une métaphore, une comparaison, quelque chose qui permet de s'échapper en pensée vers d'autres mondes qui s'esquissent alors en point de fuite. Sandra (tout de même la plus forte, pour ce qui est des images), voulant raconter l'effet que produit sur elle cette Station de plus en plus bourrée de tout ce qu'ils y ont chargé, déclare que, quand on voit tous ces sacs, alors, Sandra se lance (tous ces baluchons qui ondulent, on imagine, comme secoués par une invisible houle), alors, c'est comme une mer de sacs blancs.

D'un coup, le petit volume confiné de la Station se dilate, s'augmente, l'étroitesse des modules bondés se métamorphose en un espace vaste et aéré. Les sacs, de former une mer, font reculer les parois, donnent une profondeur à ce qui était borné et tout proche, mettent là une idée de vagues, un parfum d'embruns – et est-ce qu'on ne peut pas être reconnaissants aux comparaisons et aux métaphores de permettre de telles bouffées d'air, de telles excursions dans des endroits sans rapport avec la réalité que pourtant elles caractérisent, de faire surgir des mondes qui, en prétendant proposer des équivalents du nôtre, l'élargissent et le démultiplient.

Quant au point d'orgue de cette huitième journée, c'est la conversation téléphonique avec Obama.

Pour l'appel de la Maison-Blanche, ils sont là tous les dix, en polo prune, dans un effort de coordination vestimentaire qui produit un bel effet d'équipe.

Who am I talking to?

Vous êtes en liaison avec la Station internationale, Monsieur le Président, répondent-ils, un peu vacillants, ne sachant pas bien à quoi attribuer ce flottement apparent au bout du fil. Ah bon, très bien (Obama fait l'étonné). C'est curieux, je venais de décrocher mon téléphone et j'étais en train de composer un numéro pour commander une pizza.

Il est comme ça, *Mister President*, toujours à concilier l'élégance et l'humour. Il avait regardé le lancement debout devant l'écran de son ordinateur portable, en costume anthracite, arborant cette silhouette longue qu'on lui connaît, avec ce quelque chose dans le port en même temps de retenu et de décontracté que l'étoffe de son vêtement épousait, tombant impeccablement sur ses omoplates tout en s'autorisant des plis gracieux au creux des bras et partout où le réclamaient les manches. Ce soir, il a abandonné sa veste et se tient assis derrière son bureau en bras de chemise blanche et large cravate soyeuse rayée de bleu de ciel. Il applique contre son oreille gauche un combiné de téléphone à gros cordon.

On parle de choses et d'autres, techniques parfois (Sandra évoque les capacités robotiques), historiques aussi. Il y a exactement trente-six ans, rappelle le Président, un Apollo et un Soyouz se sont donné rendez-vous dans l'espace ; et Sergueï tient à déclarer qu'aujourd'hui, plus encore qu'un équipage international, ils forment une seule famille, *One big family*. Une seule famille, c'est sûr, renchérit Obama, quand on partage comme ça la même salle de bains. Il dit *bathroom*, mais je ne sais pas si c'est exactement salle de bains qu'il veut dire, ou plutôt les toilettes, oui, et il ajoute que sa femme et ses filles veulent toujours la place quand il y est.

Dans le bureau de la Maison-Blanche, mon regard s'arrête sur un tableau pris dans un cadre de bois doré. Il s'agit d'une marine d'Edward Hopper, sur laquelle un bateau à vapeur se laisse enserrer par les vagues. Sa cheminée, orange et noire, fume, d'une fumée épaisse et nette, qui dans le mouvement (ou bien est-ce le vent seul qui la pousse ainsi) file vers l'arrière, comme une banderole. Le bateau navigue dans le sens de la lecture, de gauche à droite de l'image. Dans le fond, une falaise, il me semble, quelque chose comme la terre proche. Les flots sont emportés, assez, et l'eau frise en des giclées de salive blanche. Elle monte si haut sur la coque qu'on ne sait pas si le navire fend l'océan, ou s'il n'est pas pris dans ses mâchoires. Nul personnage rêvassant sur le pont, on peut en être surpris, chez Hopper, dont on aime les figures engoncées dans d'infinis soliloques ; et c'est comme si l'embarcation prenait pour elle toutes les émotions sourdes qui les agitent d'habitude, comme si elle devenait elle-même le personnage central, songeuse et tourmentée. Est-ce à cause du titre aussi, *Tramp Steamer*? Parce que c'est ce qu'elle est, un de ces bateaux qui font leur commerce sans planification préalable et qu'on appelle *tramp steamers*, et on dirait qu'elle réactive ce mot de *tramp* (celui qui va pieds nus, qui mendie, qui marche, qui erre), qu'elle l'incorpore au point de s'y fondre, ainsi affligée de cette notion de vagabondage. Elle apparaît marquée de ce sceau de l'errance qui est aussi celui des fantômes.

Seule sous le ciel, puissante et fragile, forte de son charbon, mais offerte aux éléments, l'embarcation se fraie dans l'eau agitée une voie décidée mais périlleuse, et la toile vous fourre dans le cœur on ne sait quels sentiments contrastés, une impression mélangée d'obstination sûre, de bravade et de danger.

30

This song is especially for my girl Sandy. Je rêve, ou c'est la voix de Beyoncé ? Elle dédie sa chanson à Sandra, et à toutes les femmes qui ont été dans l'espace. *Who run the world? Girls,* martèle-t-elle en sol-sol-sol-do.

Aujourd'hui, c'est le *bonus day,* cette journée supplémentaire de déchargement qu'on leur a attribuée pour qu'il se fasse à un rythme moins inconfortable, et donc on déménage, on déménage, que voulez-vous. On croise Sergueï, qui évolue dans son short marine et s'en va s'occuper du câble d'un gyroscope, tandis que Ron, en polo prasin à manches longues, aide au transit des paquets. Fergie et Doug réparent un loquet cassé sur la navette, Sandra récolte sur la Station des échantillons d'air qui seront rapportés sur Terre pour subir une analyse biologique.

Et on fait des interviews, on rend hommage à la navette, chacun y va de son petit mot, Fergie, sur le fait qu'elle est devenue une icône, Doug, sur son histoire, Rex, sur la coopération internationale. Quant à Sandra, elle affirme que tout ce savoir accumulé permettra un jour d'emmener en nombre des hommes sur la Lune, sur un astéroïde ou sur Mars. Peut-être.

Cette histoire d'aller sur Mars, c'est décidément quelque chose qui est dans l'air. D'idée folle, cela semble devenu pour beaucoup le prochain objectif de la conquête spatiale. Mais il reste de nombreux obstacles, scientifiques, et financiers. Alors en attendant, voici ce qu'on fait.

On s'amuse à enfermer des individus ensemble, pendant des laps de temps déterminés, pour voir ce que ça donne, cette cohabitation en milieu confiné.

Le trajet vers Mars sera très long, et les relations pourraient vite se détériorer à l'intérieur d'un petit groupe de créatures humaines claustrées dans un vaisseau. Puis, dès l'arrivée, il faudra apprendre à fonder une colonie. Comment faire pour que cela ne dégénère pas ? À condition qu'on ne se soit pas entre-tués pendant le voyage, une fois sur place, il se peut qu'il y en ait un ou deux pour prendre le pouvoir et asservir les autres. Ou certains qui, à l'inverse, déboussolés par ces conditions si extrêmes, se laissent aller à la dépression, d'avoir tout quitté pour se retrouver où, je vous le demande, d'abord coincés avec quelques gars entre des parois de métal, puis dans un paysage hostile et vide. On pourrait bien alors faire son Oblomov, et devenir incapable de lever le petit doigt, tandis qu'on aura besoin de vous.

Ce mystère-là de la manière dont les relations pourront s'inventer, et des menaces qui planent à l'intérieur d'un microcosme, ne croyez pas que c'est une question qui leur traverse l'esprit et puis qu'ils chassent d'un revers de main au profit d'interrogations plus techniques, non, ils ont décidé que cela faisait partie du protocole des expériences préparatoires.

On a pu voir ainsi se succéder, sur le territoire russe, plusieurs simulations de missions vers Mars, dont la durée chaque fois s'allongeait significativement : quatorze jours pour la première, en 2006, quinze semaines pour la deuxième, en 2007, et dix-sept mois pour la troisième, en 2011 – là, ça devient vraiment du sérieux.

Les modules dans lesquels se sont déroulées ces trois fictions de missions se trouvent au nord-ouest de Moscou. L'intérieur est assez coquet, en frisette et aluminium, avec des serres, une salle de gym, une infirmerie, des chambres individuelles en coffrage bois, un living-room avec un écran télé, une cuisine dont table et chaises, placides et stables sur leurs fins pieds chromés, se soumettent nettement aux règles de la gravité (pour nous qui commençons à être bien au fait des conditions de vie en impesanteur, ce décor de catalogue Ikea nous laisse un peu rêveurs). Sur la première simulation, vous pourriez identifier Oleg Artemiev, que Sandra connaît pour avoir participé avec lui à des entraînements de survie dans la forêt moscovite (je reviendrai sur ces souvenirs de plein air), et qui s'était tellement plu à jouer pendant deux semaines les rats de laboratoire avec quatre collègues mâles et une collègue femelle que, l'année suivante, il avait remis ça pour plus de trois mois. Entre hommes, cette fois, mais avec un équipage qui devenait international, puisqu'on y trouvait un Allemand de vingt-huit ans, ingénieur dans l'armée, et un Français, Cyrille Fournier, la quarantaine, pilote d'Air France, pas un poil sur le caillou, et un beau sourire jovial (ça compte, quand on se retrouve en vase clos).

Oleg n'avait pas poussé le bouchon jusqu'à participer à la troisième expérience, cinq cent vingt jours, mille milliards de mille sabords, ça ampute sacrément le capital d'une existence. La proportion de Russes s'était encore réduite (on était trois), au profit d'une ouverture vers la Chine (Wang Yue avait vingt-sept ans), vers l'Italie (Diego Urbina avait exactement le même âge et des origines colombiennes), la France étant toujours dans la course en la personne d'un certain Romain Charles. Trente et un ans à l'époque, natif de Saint-Malo, ce brun aux yeux noisette et barbichette avait renoncé au spectacle des vagues frappant les remparts et aux petits clochers de Meslay-du-Maine (sans parler même de Clermont-Ferrand, où il avait fait ses études, et dont il tournait désormais le dos aux paysages montagneux qui se dressent au bout de ses rues, à sa chaîne de puys et à ses aires de pique-nique sur les bords de l'Allier) pour s'enfermer dans ce dispositif aveugle. On faisait du sport sur des tapis mousse bleus, on regardait des films vautrés sur des coussins, un mug à la main. Wang, qui avait apporté de pinceaux, vous apprenait la calligraphie, on arrosait la serre, Romain prenait soin de son amaryllis, charnue et guillerette dans son pot. On improvisait de petites séquences d'électrodes, on passait l'aspirateur la bouche et les narines prises dans un masque trois-plis, les plantes poussaient. On quittait le survêtement pour endosser la combinaison bleu roi des astronautes, on se la pétait un peu en posant avec le retardateur. Le temps passait, on se faisait des électrocardiogrammes, on se concoctait des recettes de cuisine, les radis parvenaient à maturité, on continuait à mater des films. Halloween était arrivé, et on n'avait pas hésité à se déguiser, perruque bouclée rouge, nez coquelicot, bon. Pour le nouvel an, on avait mis, je ne vous mens pas, des chapeaux pointus cartonnés, dont on avait passé l'élastique sous le menton, et on avait dansé. Et puis était venu le moment où on était censé débarquer sur Mars.

On avait dû simuler les premiers pas sur la Planète rouge dans une minuscule pièce attenante sur laquelle on avait ouvert l'écoutille. Le décor était composé de quelques pierres, et pour le reste, des murs, sur lesquels scintillaient de pauvres fictions d'étoiles. Et ils avaient marché là, dans des genres de scaphandres, traînant leur cordon comme des queues, lesquels, au lieu de flotter comme ils l'auraient fait dans l'espace, rampaient pitoyablement au sol, et leur donnaient un petit côté marsupilami, si vous voulez mon avis. Ils avaient quand même planté leur drapeau dans cette salle étroite qui, depuis le début, se trouvait à quelques centimètres de là où ils vivaient, dormaient, et attendaient que les jours passent.

D'autres expériences ont été conduites depuis, plus attentives à la capacité de certains paysages naturels à évoquer le sol de Mars. Il n'est qu'à penser aux flancs rouges du volcan Mauna Loa, hawaiien de son état, si analogues à l'idée que nous nous faisons des terres martiennes qu'on a trouvé bon d'y monter une tente, qui joue le rôle du vaisseau, et dont on peut cette fois sortir (à condition, qu'alliez-vous croire, d'avoir revêtu un scaphandre) pour se remplir les mirettes de toute cette beauté à travers la visière de son casque.

L'air pur manque, les odeurs du monde, dont le casque vous sépare absolument, la sensation du vent, mais du moins on peut porter ses regards sur l'horizon. Plusieurs missions simulées y ont déjà été tentées, à six, trois hommes et trois femmes, ou quatre hommes et deux femmes, selon les cas. La dernière en date, commencée l'été 2015, et qui doit durer un an, n'est pas achevée à l'heure où j'écris. Dans l'équipage, un Français, Cyprien Verseux, vingt-cinq ans, qui a l'intention de profiter de cette période de claustration pour avancer sa thèse (bon courage), et qui tient un journal de bord de son expérience.

Qu'est-ce qui peut entraîner des individus à se laisser enfermer pour des séjours si longs, alors qu'ils pourraient être en train d'évoluer librement dans les paysages urbains ou naturels qui étaient les leurs jusque-là ? Par caméras interposées et liaison radio, on observe les réactions psychologiques des uns et des autres, on étudie leurs interactions, on mesure la baisse de leurs défenses immunitaires, on affirme à ces prisonniers volontaires qu'ils font avancer nos connaissances. Mais comment jouer ensemble à ce grand jeu d'enfant (on dirait qu'on volerait vers Mars, on dirait qu'on serait sur Mars), quand autour de soi la gravité continue de régner, vous rappelant sans cesse combien vous n'êtes même pas en mesure de suivre la plupart des règles qui seraient celles d'un tel voyage ? Comment accepter de fouler le sol rouge d'un volcan en scaphandre ? Je veux dire non pas une fois, l'affaire peut être amusante, mais jour après jour, alors qu'on pourrait sortir en jean, descendre vers les villages, rouler en 4 × 4 jusqu'à la baie d'Hilo, longer les fermes, les troupeaux de chèvres qui paissent, les plantations de canne à sucre, et puis s'en aller respirer les embruns, manger un burger nappé de *blue cheese* au Kuhio Grille, des manapua chez Yan's, ou des feuilles de vigne à l'Oasis Cafe, chanter au karaoké chez Kim's, faire un billard au Moxie Club & Cafe – ou filer jusqu'à l'aéroport. Comment faire comme si on se trouvait dans l'espace, quand on ne risque nullement que le vaisseau tombe en panne, ni de suffoquer sur le sol hostile d'une planète déserte et mal connue, et qu'il suffirait de soulever la toile de sa tente et de faire du stop en direction de la mer, voire de pousser une simple porte, dans le cas des modules russes en aluminium, pour se retrouver dans le monde qu'on connaît ?

On pourrait écrire un roman entier sur l'expérience d'individus qui s'enferment plus d'un an dans des modules métalliques en se racontant qu'ils voyagent vers Mars. Mais est-ce qu'il n'y aurait pas, à ce roman-là, quelque chose de claustrophobe ?

Ou bien j'aurais pu inventer le voyage d'une première colonie arrivant sur Mars, et le grand charivari des émotions qui circulent à l'intérieur d'un groupe si isolé. La violence, comment elle s'exerce, et le désir, aussi, comment il a tendance à se tourner tous azimuts, et le beau désordre qu'il met. Ils viendraient d'un monde désormais désuet, celui de la Terre, ce vieux monde soumis au rythme circadien, aux villes géométriques, surpeuplées, où (se rappelleraient-ils en quittant tout ça), tandis que certains se barricadent dans leur luxueuse propriété, d'autres dorment dans des forêts, sous une bâche, contre une bouche de métro ou dans un coin de rue terreuse, sous ces brouillards de pollution qui vous estompent les paysages urbains au point parfois de les noyer dans une grisaille surnaturelle dans laquelle il n'y a plus qu'à avancer avec des masques de papier dont la protection fragile ne vous garantit de rien, où il faut faire avec ceux qui rasent les murs avec des kalachnikovs ou des M4 (ou qui visent depuis les fenêtres), et ceux qui envoient des bombes depuis leur bureau, téléguidant des engins qui larguent leurs projectiles à des milliers de kilomètres de là pendant qu'ils mâchent leur chewing-gum dans la pièce calme et familière, face aux photographies encadrées de leurs enfants. Et eux, nos aventuriers, ayant quitté ces terres usées, il leur faudrait improviser leur vie sur ce bout de paysage martien où tout reste à faire, souffrant dans leur corps de la difficile adaptation aux conditions nouvelles, se débrouillant en même temps de l'orgueil qui les traverse et du déchirement, car ils auraient mis tant de dizaines de millions de kilomètres entre la maison d'où ils viennent et le lieu de cet exil spatial en même temps enivrant et terrible.

J'aurais pu, peut-être, mais ce n'était pas de l'anticipation que je souhaitais faire ici, ni de la fiction, et presque au contraire, mais un roman sur une aventure réelle. J'ai voulu voir comment les choses se passent quand les phrases attrapent dans leur filet des bribes de vie véritable, des gestes qui ont exactement été accomplis, des paroles qui ont strictement été prononcées.

Quand nous nous sommes revues dans un bureau de Reston, Virginie, avec Sandra, un mois après sa conférence parisienne, j'ai commencé par essayer de lui décrire le roman que ce serait, un roman qui, comme je le lui avais déjà résumé par mail, porterait sur cette dernière mission habitée, la STS-135, et dont elle serait le personnage principal.

Un roman qui est en projet est une chose floue, malléable, très incertaine; ce matin-là de juillet je l'envisageais encore comme un récit très musardant, digressif et rêveur (n'était-ce pas plus ou moins toujours ce que j'avais fait jusque-là), un roman, je tentais de l'expliquer à Sandra (ceux que les dessous de la fabrication d'un récit n'intéressent pas peuvent se rendre directement au chapitre suivant – on y mangera russe), dans lequel les escapades prendraient plus de place que le petit noyau central qu'il désignerait (et qui avait nom la mission STS-135). La mission (ou Sandra) en serait donc le filigrane, la charpente vite inapparente, vite recouverte par toutes sortes de stucs, et je pensais y évoquer aussi bien et assez en détail les romans de Jules Verne, le magnifique film *La Femme sur la Lune*, dans lequel Fritz Lang mêle l'anticipation, le suspense, le drame sentimental au fil de procédés de narration d'une maîtrise étourdissante, assortis de truquages délicieux, de maquettes et de décors de studio sableux et bouillonnants, et bien sûr les petits sélénites de Méliès, créatures bondissantes et guerrières, peut-être Cyrano de Bergerac et Lucien de Samosate (que je me promettais de lire), certainement l'atterrissage d'Armstrong sur la Lune, qui est une histoire qui me fascine (l'ordinateur, oui, est tombé en panne au dernier moment, et Armstrong a dû vous piloter ça en manuel, à l'arrache, cherchant avidement par le hublot un endroit où se poser parmi tous les cratères qui hérissaient le sol), comme je prévoyais également de me lancer dans des passages fantasques et détaillés sur le bestiaire de la Floride, où se trouve le Kennedy Space Center, dans de longues évocations des bayous, avec, pourquoi pas, quelques plongées dans l'Histoire de ces terres, et ainsi de suite, de sorte que la mission n'occuperait qu'une place minime, prétexte, si vous voulez, petit cœur autour duquel se développeraient ces rêveries.

Mais Sandra ne semblait pas pouvoir imaginer un texte aussi souple et rêveur, qui sans doute ne ressemblait à rien de ce qu'elle avait lu, mais surtout allait à l'encontre de son constant désir d'efficacité. Elle ne comprenait pas le projet de ces échappées, que je m'efforçais de lui décrire. Venant à la rescousse, Duane, l'attaché de presse de l'AIAA, qui participait à notre rencontre et se trouvait assis à ma droite, suggéra : au fond, ce sera un roman historique. Sur le moment, je répondis : Pas tout à fait.

Mais vous aviez raison, Duane, en un sens, c'est ce que c'est devenu, sans doute, un roman historique.

Jusqu'à mon voyage à Reston, j'avais travaillé sur ce roman de façon intuitive, par petites touches, alternant entre des plongées (au tuba, seulement, alors, au tuba) dans la documentation à laquelle je pouvais, sans méthode, avoir accès, et des passages que je commençais à inventer, librement, laissant les choses se faire sous mes doigts. Lorsque je suis rentrée, dans la foulée des conseils de Sandra qui m'avait parlé des recettes de cuisine dans l'espace qu'elle avait postées sur internet, j'ai eu brusquement accès, sur ma tablette (l'ordinateur sur lequel j'écris n'est pas connecté : j'ai besoin qu'il demeure un espace intime), à une foule de documents sur cette mission. De fil en aiguille (je plongeais cette fois à la bouteille, des heures durant), je me retrouvais avec un matériau inouï, et brut de décoffrage, des dizaines de vidéos amateurs filmant le lancement, généralement maladroites, tremblées, des centaines d'images, fixes ou en mouvement, de la salle de lancement en Floride puis de la Mission de contrôle de Houston (je pouvais visionner en particulier tous les réveils d'astronautes, écouter la voix de Shannon, contempler sa tenue du jour), des milliers d'images de l'entraînement de nos quatre astronautes, de leur répétition des différentes étapes de l'habillage ou de la montée dans l'Astrovan (je disposais ainsi, chaque fois, de variantes, la version de la répétition et la version du jour J). Du lancement, outre ces bouts de films mal cadrés des spectateurs, je pouvais visionner les images techniques extérieures de la propulsion, des boosters qu'on lâche, puis du réservoir externe dont on se sépare, et même, en temps réel, et toujours sans commentaire, le matériau brut de l'intérieur du cockpit de la navette, plus de quarante minutes en continu d'images prises par la petite caméra fixe qui s'y trouvait, sur lesquelles nos astronautes attendent, puis vivent le décollage, jusqu'à la mise en orbite et au-delà. Je pouvais voir encore des images de leur arrivée sur la Station (ces embrassades, que j'ai décrites), depuis plusieurs angles, selon la caméra qui les avait prises, toujours sous cette forme bizarre et non montée de filmages non commentés, postés ici ou là, ainsi que des milliers d'images de l'intérieur de la Station internationale, pendant cette mission, comme lors d'autres séjours où année après année les vidéos semblaient se multiplier, improvisées par les astronautes eux-mêmes, des vidéos didactiques où, sans savoir-faire cinématographique, ils baladaient leur caméra au poing en nous expliquant le décor dans lequel ils engageaient leurs plans-séquences, ou posaient la caméra quelque part et s'adressaient à elle (d'autres fois, ils devaient demander à l'un de leurs collègues de jouer les opérateurs) pour nous faire la démonstration des spécificités de la vie quotidienne en impesanteur.

En commençant à surfer sur cette matière, j'avais déjà découvert, avant de rencontrer Sandra, le visage de son frère, dont j'avais regardé les interviews télévisées, ou celui de sa mère ; en poursuivant à mon retour mon enquête, je suis tombée sur d'autres informations qui m'ont paru intimes et dont, aussi accessibles soient-elles, j'ai choisi de ne pas faire usage, mais aussi sur des images qui relevaient de l'espace privé de ses collègues et dont ils avaient accepté (moyennant sans doute quelques mises en scène) qu'elles soient prises puis qu'elles circulent : la prière avant le repas dans la cuisine de Rex, la chambre du fils de Doug et de Karen, sans compter tous les reportages, professionnels ou amateurs, sur le père de Karen, nouveau Facteur Cheval, et les sculptures du Nyberg Park.

Il y avait quelque chose d'étourdissant à tout ce matériau. Cette surprise que j'éprouvais devant cette avalanche de détails, devant cette submersion d'informations indéfinies et mouvantes (car elles ne cessaient aussi, à mesure que je revenais sur certains sites, de s'amplifier, de croître parallèlement au travail que j'effectuais), j'ai souhaité la prolonger dans le récit, dont elle a modifié le projet. Le plus souvent, le roman, quand il s'inspire d'un fait réel, prend appui sur quelques informations comme sur la toile d'un trampoline, puis rebondit joyeusement en détails inventés. Ce ne serait pas le cas ici. On a si vite fait, si l'on sait qu'il fait froid, de dire que le personnage frissonne. Je m'appliquerais à ce que tout soit vertigineusement exact. Aux frissons près. La couleur du tapis de bain de la chambre du Quartier des astronautes, le motif du sucrier sur la table du petit déjeuner, les bibelots du bureau de Laura Steinmann, l'enrouleur rose de la laisse du petit chien blanc qui circule entre les jambes des spectateurs du lancement, le placoplatre qui a remplacé la frisette, dans la Beach

House, ou son cadran d'horloge aux chiffres romains, et jusqu'aux éternuements de Rex, souvenez-vous, sur la plate-forme, ou au petit bobo au doigt de Sandra, vous pouvez tout prendre, ici, pour argent comptant.

Dans le bureau de Reston qui donnait sur Alexander Bell Drive, une petite route en cul-de-sac, bouture de la Sunrise Valley Drive, laquelle longe en sinuant la Route 267 sur des dizaines de kilomètres, Sandra avait insisté pour que j'inscrive bien « roman », sur la couverture de mon livre. Lorsque le livre paraîtrait en traduction, elle ne voulait pas devoir expliquer, me disait-elle, à des millions d'Américains, que ce personnage, ce n'était pas vraiment elle. Des millions d'Américains, mais ce serait formidable, lui avais-je répondu en riant, et que d'ordinaire le nombre de mes lecteurs, même américains, était beaucoup (mais alors beaucoup) plus réduit.

En tout cas oui, Sandra, je souscris entièrement à cette appellation, tout cela est un roman, je l'écris noir sur blanc. C'est absolument un roman, parce que je n'y étais pas. Mais c'est un roman dont la contrainte a été que chaque détail soit véritable, dans l'idée que tant d'exactitude devait produire un effet. Je ne sais pas au juste lequel.

À force de rassembler ces informations éparses sur la Toile et de tenter de leur conférer une continuité, je me fais parfois l'effet d'une monteuse. Je me dis que c'est ça, mon travail, ici, monter ces séquences pour en faire une histoire, et aussi, bien sûr, leur trouver une forme verbale, emmener tous ces détails dans la phrase (ma phrase devenue glaneuse et qui fourre dans sa besace les fruits épars qu'elle peut ramasser).

Et pour vous, est-ce que cela change quelque chose à votre manière de lire, à toute cette dépense d'imagination qui est la vôtre à chaque roman, à tout ce travail parallèle que vous faites, pour transformer en retour ces phrases en représentations intérieures ? Peut-être pas, même si vous pouvez toujours, dans un moment d'enquête, aller chercher sur internet les visages de ceux dont je parle, voire visionner une ou plusieurs de ces vidéos. Votre inventivité, votre fantaisie, ont tout loisir de continuer à s'épanouir à leur guise. D'autant que dans ce monde où il est question d'impesanteur, les corps des astronautes flottent d'une manière qui n'est pas si éloignée, il me semble, de celle dont les personnages de roman généralement nous apparaissent, eux aussi, à leur manière, créatures flottantes, harmonieuses et régressives, barbotant dans le doux bain de nos imaginations.

La lumière de cette fin de matinée s'engouffrait par la fenêtre, dans mon dos, et baignait ce bureau de Reston, Virginie, pris entre son parking et ses arbres. Plus loin, reliée par son petit train à la gare vers laquelle Duane me reconduirait en voiture, s'étendait la grande ville de Washington, avec ses bâtiments démesurés, ses plans d'eau, et sa statue de Lincoln aux larges mains veinées qui attend solennellement les touristes, assis dans la chaleur de l'été.

31

Le neuvième jour de mission fut aussi le jour de l'invitation russe.

On s'est donc rendu chez nos amis Sergueï, Andreï et Sasha, sans se concerter particulièrement au sujet des tenues, et voilà qu'on égaie de couleurs variées la blancheur grisâtre du module Zvezda : un bleu Nattier pour Fergie, un gris souris pour Sandra, un beige moyen pour Rex, le vert olive de Doug. Ron est arrivé de son côté dans le même vert, version manches longues, tandis que Mike apporte une touche sombre, presque un noir. Satoshi met là du bleu de nuit, rehaussé par le blanc de son col. Quant à leurs hôtes, ils jouent plutôt l'effet énergique des contraires, dans un ballet de rouges et de verts : le coquelicot du tee-shirt de Sergueï et du polo d'Andreï dialoguent vivement avec le fameux épinard col citron vert de Sasha.

Comme chaque fois, on essaye de se tenir avec une dignité de convives, sérieux et droits comme des i, dans une illusion de haut et de bas ; et comme chaque fois aussi Sandra préfère se couler librement et sans protocole dans la physique particulière qui régit le monde de la Station (d'autant que le module est un peu étroit pour s'y tenir à dix dans le même sens). Satoshi fait preuve de la même aisance et de la même fantaisie. Tous deux collés, pour ainsi dire, au plafond, à l'orthogonale par rapport aux autres, ils considèrent la scène de haut, et jettent de temps à autre un commentaire bienveillant.

Mange-t-on du sandre en gelée ? Je ne crois pas, non, mais on expérimente des saveurs nouvelles, qu'on essaye d'identifier. Et ce sont parfums inédits qu'on s'efforce de décrire, petites surprises gustatives, hésitations, réticence et bonne contenance. Sergueï tend sa pochette à Andreï, qui se sert d'une seringue pour y transférer un peu de sauce, Sandra trouve le procédé ingénieux, *very clever*. Rex attend de voir, une cuiller à la main. On s'observe en train de goûter, et on ne parle pas d'autre chose, non, toute la conversation se concentre sur les ingrédients, les conseils pour accommoder les mets qu'on fait circuler, quand ce ne sont pas des appels à la prudence dans le maniement des ciseaux, que vous utiliserez avec minutie. Les pochettes sont si légères qu'on peut les tenir la paille entre les dents pendant que les mains sont occupées ailleurs. On secoue la sienne, pour bien mélanger, les gestes ont une lenteur soigneuse ; on croise les bras, aussi, et on regarde tout ça l'œil rêveur, parce que, c'est sûr, malgré tous les efforts qu'on fait pour le cacher, tout ça ne vaut pas un repas sur Terre.

On joue aux invités, on fait les hôtes, mais au fond de soi c'est probablement quand on est tous réunis comme ça que la solitude vous revient le plus violemment. Ici ou là, un nuage passe sur un visage, une petite crispation, une tension dans le regard. L'idée, peut-être, soudain ravivée, de la distance physique qui les sépare de leurs proches ; ou même seulement le manque aigu, insoupçonnable, de la vie ordinaire. La nostalgie du seul fait de s'asseoir à une table, en laissant son corps peser sur la chaise face à un couvert inerte et docile, avec le bon air du dehors qui s'engouffre par une fenêtre entrouverte – et de tout ce qu'on fait au sol sans y penser, dont le regret s'augmente de l'angoisse vague de se trouver confinés tout là-haut en orbite. Je ne sais quelles piques dont soudain cette nostalgie vous darde, quelles fléchettes qu'elle vous enfonce dans le cœur, comme ça, mine de rien.

Mais on donne le change, oui, on suit les avis gastronomiques, on se concentre sur ce qu'on fait. Sergueï propose des chocolats, Fergie boit un thé russe, d'autres du café. On entend de la musique, en arrière-plan, diffusée par un ordinateur dont le son métallique véhicule laborieusement les mélodies, et on finit par déclarer bravement que c'est typiquement un dîner de chaude nuit d'été, un samedi soir. L'expression rebondit de l'un à l'autre, volontariste et folle, mensongère et rêveuse, *a hot summer night*.

On est loin, pourtant, enfermés dans ce module, de l'air sirupeux des soirs d'été, des nuits tièdes et profondes, du ballet des lucioles, du souffle épais des mangroves, des heures vespérales aqueuses et chaudes de la Floride.

Loin, aussi, d'une nuit d'été en Russie. Loin des soirs de Saint-Pétersbourg, où est né Andreï, loin des lunes fragiles sur la Néva, des ciels qui refusent de foncer au-dessus de la perspective Nevski, des nuits blanches, humides, étourdissantes, des solstices d'été. Loin des nuits d'été pluvieuses de Penza, où Sacha a passé son enfance, et où les ciels de juillet un jour sur deux vous trempent, ou tambourinent, cymbalisent, castagnettisent, voire glockenspielisent sur votre toit quand vous cherchez le sommeil (et finalement la pluie vous fait là comme une comptine qui vous endort dans le cocon de la maison) (de ces pluies que devait bien affronter aussi le petit Lermontov, dans le manoir voisin de sa grand-mère) ; ou des nuits de Chernigov, qui appartenait encore à l'Union soviétique lorsque Sacha y portait ses pas de jeune homme, fréquentant l'école de pilote, et se promenant peut-être dans les soirs tépides après avoir mangé ses raviolis aux pommes de terre. Loin encore des nuits d'été de Tchouhouïv (oui, c'est bien là qu'est né Sergueï), ukrainienne à présent elle aussi, autrefois base militaire soviétique (le père de Sergueï, futur cosmonaute comme on sait, y était pilote d'essai), et déjà une garnison au XVIIe siècle, où les soldats devaient s'enivrer dans des auberges anciennes, réclamant toujours plus à boire dans des salles sombres tachetées par les couleurs des robes des servantes, des bleues, des jaunes, dont l'étoffe jaillissait sous un flambeau dans le clair-obscur, dignes de la pâte épaisse d'une peinture à l'huile – et dont les guerres détruiraient les architectures pittoresques.

Le décor de ce segment où l'on dîne, malgré son allure générale, fonctionnelle et froide, tente de distiller pourtant un genre de couleur locale, et regardez cette icône orthodoxe de Vierge à l'enfant (elle en robe rouge, le bébé en tunique verte, et tout le reste, du métal repoussé), ou cette photographie de Gagarine, qui conjuguent leurs efforts pour vous dépayser sommairement, images simples, typiques, qui laissent flotter dans le module un vague fantôme de Russie, dont le spectre rudimentaire vient titiller en vous quelques souvenirs.

Car on la connaît bien, la Russie, on s'y est entraîné, on s'est colleté à sa neige, et pas qu'un peu. Vous avez peut-être entendu parler des stages de survie dans des conditions extrêmes ? Celui de l'été, par des chaleurs épuisantes, et le stage d'hiver, surtout, que vous pouvez faire dans les forêts moscovites, par un temps glacial. L'idée en est que si votre engin spatial doit un jour se poser en pleine neige, il vous faut savoir entretenir la petite flamme fragile de votre existence en attendant qu'un hélicoptère dessine sa silhouette salvatrice au-dessus du groupe hagard des survivants.

La nature, quand on y atterrit par erreur, s'appelle un environnement hostile, et c'est de toute cette hostilité qu'on apprend à se débrouiller. Dans le fouillis des arbres, on improvise un camp, on essaye de construire un abri sur les sols gelés, on bricole un feu, et puis on foule la neige, son pistolet à la ceinture, et l'oreille aux aguets. On chasse, parmi les épicéas, les bouleaux et les trembles, dont les feuilles glabres sont tombées depuis belle lurette, et je ne sais si on espère ramener quelques gerboises sauteuses, qui hibernent à deux mètres sous vos pieds (c'est peu probable), une insouciante et infatigable belette, dont le petit corps agité n'est pas la proie la plus aisée, un cerf élaphe (je laisse filer mon imagination), qui nous assurerait à manger pour un moment, un affreux petit desman de Moscovie au regard torve, qu'on aura délogé du terrier où il dormait, une vague gélinotte, qu'on aura visée dans les branches nues où elle dessinait une cible plus facile, quelques grèbes, allons, et quoiqu'à considérer toute cette épaisseur de neige, seulement trouée par les denses et irrégulières colonnades des troncs, on peine à penser que ce paysage brut puisse receler un tel garde-manger.

Sandra avait fait ce genre de stage avec Michael Barratt et Oleg Artemiev, en janvier 2006, tu t'en souviens, Sandra ? Michael était pour toi un compatriote, zoologue de formation, avec de bonnes connaissances en médecine, toutes choses qui peuvent servir en plein milieu de la forêt ; quant à Oleg, on l'a déjà croisé à propos des expériences de confinement.

Vous avez donc appris à fabriquer une cabane, à faire des feux, pour signaler votre présence. Et comment vous nourrir aussi, chasser, pêcher (mais pêcher, ça, Sandra le faisait déjà dans son enfance). On avait froid, bien sûr, les conditions étaient éprouvantes, le corps souffrait, mais on s'amusait, aussi, et est-ce qu'il n'y a pas à tout ça un indéniable côté Castors Juniors ? On montait sa ligne de pêche, et on faisait trempouiller son fil, en espérant qu'un poisson viendrait mordre à nos hameçons improvisés. Quoi, une brème, un brochet, un gardon ?

Il faut envisager également l'hypothèse d'un tout aussi aventureux amerrissage. La mer Noire offre un décor commode pour en développer la fiction, mais il arrive qu'on opte plutôt pour un lac, proche de Moscou, et voici (revenons-en aux témoignages) ce que Claudie Haigneré m'a raconté.

La capsule est plongée dans l'eau, les astronautes à l'intérieur. Oui, sauf que si vous amerrissez, on peut légitimement s'attendre à ce que vous vous sentiez tanguer dans les vagues. Or sur un lac, c'est une autre affaire. L'eau placide ne veut rien entendre. Elle demeure inerte, molle, paresseuse, sans fantaisie. Que faire pour reconstituer artificiellement les conditions d'une mer agitée ?

Je vous le donne en mille : des plongeurs sont réquisitionnés pour secouer la capsule. Dans leurs combinaisons moulantes, masqués, ils agrippent le vaisseau et en chœur, dans un chaos étudié, lui impriment un balancement qui vous imite le roulis.

Il faut les imaginer, les mains crispées sur le métal, cherchant une bonne prise, la vitre de leur masque constamment éclaboussée, obligeant la capsule à brasser l'onde auparavant stagnante et rétive du lac. Concentrant leurs efforts pour donner à nos candidats à la survie l'illusion d'une situation maritime, est-ce qu'ils trouvent de l'amusement à ce simulacre, à cette fiction qu'ils participent à élaborer sous les ciels de Russie ? Ce sont des militaires, et je ne sais pas ce qu'ils pensent de tout ça. Peut-être font-ils ce qu'on leur demande sans distinction, parce que, pour eux, c'est toujours pour de vrai, qu'ils participent à cette grande mascarade, à ce scénario de l'amerrissage auquel ils donnent sa touche réaliste à la sueur de leurs fronts, ou qu'ils vous surveillent un site depuis une guérite, ou qu'on les envoie combattre. L'eau est froide, même à travers la combinaison, la capsule reste lourde. Je ne sais pas si ce sont des moments pendant lesquels ils songent aux jeux de leur enfance.

Dès que vous sentez les flots battre les parois du véhicule, hop, vous devez enfiler, par-dessus votre tenue d'astronaute, une combinaison spéciale. Puis il s'agit d'ouvrir l'écoutille. Une fois qu'on sera parvenu à la déverrouiller, vous sortez la tête à l'air libre. Et vous guettez les secours.

C'est le moment de s'entraîner à l'hélitreuillage. Il y a certaines phases qu'on peut répéter en piscine, l'évacuation en vol de la navette, l'arrivée sur l'eau, l'activation du canoë de survie et des balises de détresse, et en vous promenant sur le net vous trouverez des images de nos mousquetaires, lentement hissés, l'un après l'autre, vers le plafond, sous la lumière des néons ou des LEDS, dans des positions moyennement confortables (bon, à toi maintenant, et chacun s'y soumet devant les trois autres, pas question de renâcler, n'est-ce pas), puis redescendant lentement vers l'eau chlorée : on ballotte et tournoie dans ses sangles, en vase clos, en attendant que ça passe.

Mais l'hélitreuillage lui-même, c'est en conditions naturelles. L'hélicoptère survole le lac. Soigneusement, comme une grosse libellule, capable de rester sur place, suspendu dans l'air, il fait vibrer ses pales au-dessus du plan d'eau. Une fois arrivé à votre hauteur, il déroule son treuil. Attrapez-le, comme vous pouvez, je ne dis pas que c'est facile, non, on tend un bras, on essaye de ne pas glisser, on se harnache. Prêt ? On vous soulève. Vous voyez s'éloigner le lac, votre corps oscille en ascension dans l'air humide, le spectacle est grandiose, lyrique, intimidant ; et puis ayé, on vous hisse à l'intérieur de l'hélico, en vous attrapant sous les aisselles.

Vous me direz que quand on décolle du cosmodrome de Baïkonour, comme l'ont fait Andreï, Sacha et Sergueï mais aussi Satoshi, Ron et Mike, et comme le feront désormais tous les astronautes en route pour la Station, il y a moins de chances d'amerrir que de se retrouver quelque part au fin fond des steppes du Kazakhstan.

Baïkonour, vous avez raison d'imaginer des étendues immenses, jaunâtres, sous des ciels considérables. Planté là, comme surgi de nulle part, c'est un paysage de tours, d'antennes paraboliques, de mâts parafoudres, raturé de routes et de voies ferrées, et troué par les fosses d'évacuation des flammes au pied des plates-formes en béton des pas de tir. En tout, près de sept mille kilomètres carrés d'installations, que vous pouvez arpenter en voiture ; et vous longerez des bâtiments d'assemblage, des bâtiments de contrôle, des baraques, là, tenez, un hôtel, où vous dormirez peut-être, puis voici une centrale électrique, plus loin une usine d'azote, et ainsi de suite, ici un générateur diesel, ailleurs une zone de stockage des ergols. Les conditions atmosphériques ne sont pas très confortables. L'été, il faut composer avec les tempêtes de sable, l'hiver, avec les froids extrêmes. Mais on fait bonne figure, et contre le fond des branches nues, quand il n'y a plus une feuille aux bouleaux et que la neige crisse sous les pieds, on retient sa respiration devant les photographes, pour ne pas avoir le visage tout brouillé par son propre nuage d'haleine.

Certains pas de tir sont désaffectés et, quand on se promène dans ce coin-là, ça vous a un petit côté musée en plein air. Il s'est passé tant de choses, à Baïkonour. C'est de là qu'est parti le premier homme à voler dans l'espace, ce Youri Gagarine dont vos yeux parcourent la photo qui trône dans le module russe de la Station pendant que nos astronautes y dégustent des spécialités locales, et dont vous pouvez visiter la maison, juste à côté de celle de Korolev (ah, l'étrange et triste, quoique dotée parfois de plus heureux rebonds, vie de Korolev, qui pourrait à elle seule résumer les abysses de l'Histoire soviétique – mais nous ne sommes pas là pour ça). Puis, après ce petit homme souriant d'1,57 m, dont le corps se pliait si bien aux proportions réduites de l'habitacle, la première femme, Valentina Tereshkova, le visage large, le cheveu épais, le regard clair sous le sourcil déterminé, et que nous avons déjà eu l'occasion d'évoquer à propos de sa maman, la pauvre, qui avait appris par une voisine que sa fille était dans l'espace. Le père était mort en héros pendant la Seconde Guerre mondiale, quand Valentina avait trois ans, et cette triste gloire s'était répercutée sur la fille, ouvrière et adepte, comme on sait, du saut en parachute, qu'elle pratiquait dès qu'elle le pouvait. Gagarine lui-même avait été son répétiteur, il lui avait appris le morse, et deux ou trois autres choses qu'il est bon de savoir quand on voyage en solitaire dans l'espace. Il paraît que là-haut, toute seule pendant trois jours dans sa capsule Vostock 6, Valentina écoutait du Adamo et du Gilbert Bécaud. Elle avait vingt-six ans. Son nom de code : la Mouette.

Toujours est-il que c'était ça qu'on faisait, en Russie, crapahuter dans la neige, réviser l'amerrissage dans ses lacs, et d'autres choses encore, car on pouvait passer des mois à s'entraîner à la Cité des Étoiles.

Cette Cité se trouve à une quarantaine de kilomètres de Moscou, au bord de la forêt de Shchelkovo. Construite au milieu des pins et des bouleaux, elle contient toute l'infrastructure nécessaire, bâtiments des cosmonautes, restaurant, bibliothèque, salles de cours, planétarium, gymnase, stade, tennis couverts, piscine, simulateur de vol, fauteuil tournant, table à bascule, centrifugeuse.

Car il faut bien que je vous parle de ces instruments de torture.

Le tabouret tournant est généralement un siège en skaï, avec des accoudoirs, un appui-tête, un repose-pieds, dans lequel on vous ceinture, voilà. On vous masque les yeux, de manière à ce que vous perdiez tout repère extérieur, et la chose motorisée se met à tourner vite vite vite pendant qu'on mesure vos mouvements oculaires et qu'on vérifie l'évolution de votre électroencéphalogramme. Celui de l'hôpital militaire de Moscou était un fauteuil métallique et bruyant, pas ergonomique pour un sou. On enfilait le fameux pyjama bleu et chez certains le seul bruit du tabouret suffisait à produire des nausées.

La table basculante ressemble à une table d'opération, voyez, mais qui peut fonctionner sur un axe vertical. On vous y allonge, on vous y attache, et hop, tête en bas, allez, pendant deux, trois, voire quatre minutes. Puis on vous remonte. Dans ce cas, il ne s'agit pas vraiment d'un entraînement, mais plutôt d'un test, qui sert à vérifier votre déconditionnement vasculaire.

Quant à la centrifugeuse, c'est à la fois un test et un entraînement. Il y en a une grande, à la Cité des Étoiles. Comme à Houston, bien sûr. On s'y tient assis de façon à recevoir l'accélération de face, sur le torse. On est bien harnaché, je vous rassure, mais ça vous tire les organes vers le bas, ça vous déforme le visage, c'est assez déplaisant. Vous pouvez en voir une parodie dans *Space Cow-boys*, le film de Clint Eastwood, un objet cinématographique lui-même un peu bancal, mais où fait mouche le merveilleux Tommy Lee Jones.

De la Cité des Étoiles, Claudie a gardé tant de souvenirs, des souvenirs du temps du tableau noir et de la craie, et de tout ce qui aujourd'hui paraîtrait d'autant plus désuet que tout ça était dédié aux vols dans l'espace, jusqu'au pyjama blanc qu'on vous demandait d'endosser quand il fallait faire le moule en plâtre à partir duquel on fabriquerait le siège de la capsule à votre mesure, et l'attente, pendant que le plâtre séchait autour de vous. Mais surtout, et puisqu'on en est ici à parler d'un repas russe, Claudie conserve la mémoire émue des pique-niques qu'elle faisait sur les rives du lac de la Cité. Ils lui ont laissé une impression assez intense et douce pour qu'elle ait eu envie, quand nous nous sommes rencontrées, de les évoquer.

Je les imagine, ces pique-niques, les rires, dans mon esprit ça ressemble à un film de Jean Renoir, dans sa période en couleurs. Ma caméra passe sur les visages, les peaux rosies par l'air vif et la joie d'être ensemble, tout ce qui y frémit. Ils sont assis à même le sol, dans l'herbe, sur des couvertures qu'ils ont dépliées, ou de grandes nappes. On voit des paniers d'osier, à couvercles rabattables, des bouteilles, des verres en pyrex, des restes, des miettes de viande et de pain, échappées des pirojkis. Il y a la chlorophylle qui vous tache les vêtements, les feuillages qui bruissent, les grands ciels vers lesquels on renverse parfois la tête pour voir défiler les nuages. Vous pouvez vous représenter tout le bucolique que c'est, un déjeuner sur l'herbe, et le désir qui y circule, un vague désir amoureux peut-être, mais plus largement aussi un désir sans objet, comme une harmonie dense et fragile avec le paysage, des sensations exacerbées qui étendent le désir aux arbres, au froissement des feuilles, à la brise, dans le sentiment aigu d'être là.

Il devait y avoir tout cela, oui, dans ces pique-niques de la Cité des Étoiles, mais aussi, dans le double fond de chaque instant, le savoir aigu que la raison d'être de ces moments, la raison de ces miettes sur le coton de la nappe et de ces verres qu'on buvait ensemble sous les frondaisons des bouleaux, c'était que ces mêmes corps qui festoyaient dans l'herbe, ou une partie d'entre eux du moins, adhérant pour l'heure au sol d'une manière familière, naturelle et inévitable, seraient bientôt lancés là-haut, où ils apprendraient à se mouvoir tout autrement, légers, dans le secret de la microgravité. Et l'imagination de soi là-haut, abandonné dans le bain nouveau et souple de l'espace, devait épaissir chaque seconde, la troubler, la magnifier.

32

Les jours se suivent, et même là-haut, même dans l'espace (surtout dans l'espace ?), ils sont susceptibles de se ressembler.

Le dixième jour ne se passe pas très différemment du neuvième. Même le réveil est de nouveau dédié à Sandra. Cette fois, c'est sur les notes joyeuses de *Celebration* de Kool and the Gang, sur lequel on a tant dansé les uns et les autres. Une trentaine d'employés du Stennis Space Center, assis dans un amphithéâtre sur des sièges bleus, récitent, raides comme des balais, mais en vêtements colorés, un message préenregistré et leurs voix s'élèvent (plus ou moins) en même temps pour souhaiter bien le bonjour à ceux de la navette. Créé pour tester les moteurs d'Apollo qui enverraient les trois premiers bonshommes vers la Lune, le Stennis Space Center se situe sur les bords du Mississippi, à 70 km environ de La Nouvelle-Orléans, dans la baie de Saint-Louis. La présence du fleuve permet d'acheminer le matériel par voie d'eau. Les employés que vous voyez à l'image sont ceux qui ont vérifié le bon fonctionnement des moteurs de la navette. Derrière sa console, Shannon porte une veste noire à larges motifs blancs sur un haut lilas.

Pour le reste, on finit de remplir Raffaelo. Déchets, rebuts, et tout ce qui est à réparer, un spectromètre, le gyroscope sur lequel Sergueï s'échinait hier, le compte y est ? Il semble que oui. Sandra prévient Houston que le module est plein. Jeremy Owen, qui contrôle le chargement depuis le sol, la félicite. Échanges de bons procédés, Sandra souligne que sans le travail de planification qu'il a effectué avec son équipe, ça aurait été un vrai cauchemar. Enfin, on est très contents les uns des autres. Megan, assise à côté de Jeremy, sourit, Megan qu'on n'aura peut-être pas vue autant que je l'aurais voulu, et qui pendant tout cet échange manipule des dossiers, pimpante dans une veste écarlate ample et fluide, dont les manches mi-longues lui remontent dans le pli des coudes, et dont les pans ouverts révèlent un cache-cœur beige à motifs marron (ou bien s'agit-il d'une robe ?), tandis qu'elle porte une petite montre argentée au poignet droit.

L'après-midi, on a un peu de temps pour soi, et Sandra en profite pour aller prendre la position du fœtus dans la coupole.

Déjà la veille elle y avait barboté un moment, en sweat presque pomme verte sur son pantalon beige, et aux pieds des chaussettes aux motifs d'astronautes, dont les petits corps gris en étoile essaimaient dans le coton bleu nuit. Elle rassemble ses jambes, pliées devant elle, et croise confortablement ses mains autour de ses genoux. Parfois, elle entoure plutôt un seul genou, voyez, l'autre jambe ballottant légèrement ; ou bien elle cale ses deux pieds sous une poignée et relâche un peu ses bras, libérant ses mains, qui peuvent aller où elles le veulent, vers les cheveux, par exemple.

À quoi songe-t-elle, là, toute seule, dans la coupole, à regarder le mouvement soyeux des nuages au-dessus du globe ?

Il paraît que là-haut, comme vous ne contractez pas vos muscles, la perception que vous avez de vos membres, de vos propres contours, passe presque uniquement par la vue. La proprioception (on appelle ça comme ça) est si entravée alors que Jean-François Clervoy raconte qu'on peut, parfois, oublier presque qu'on a un corps, et se sentir seulement une conscience flottante.

À contempler la Terre, comme ça, on a le sentiment de se réduire à ce seul regard – ou même de se fondre dans le spectacle lui-même.

On la voit bien, la Terre, si éloignée dans sa rondeur, séparée de vous par ces effilochures blanches.

Ce panorama parfait, ils en ont parfois rêvé, enfants, ceux qui sont devenus astronautes, et je me souviens avoir entendu Janet Kavandi (Janet, vous savez, que vous avez aperçue au moment du transfert en Astrovan vers le pas de tir, celle qui a un faux air de Diane Keaton) raconter, sur un plateau de télévision, comment, petite fille, elle restait le soir à contempler la voûte céleste avec son père. Elle habitait une ferme, et au-dessus, il y avait ce ciel immense, avec ces myriades de points lumineux ; et ce qu'ils faisaient, justement, à lever la tête ensemble vers tout ce mystère, ils essayaient de se représenter ce que c'était que d'être là-haut, et de regarder notre planète. Ils n'en finissaient pas de se décrire les sensations qu'on devait éprouver, ils brodaient, ils renchérissaient, ils inventaient. Et Janet confiait qu'elle avait décidé d'être astronaute pour pouvoir vérifier par elle-même ce qu'avec son père ils avaient imaginé.

Samantha aussi a grandi dans un petit village (ses parents tenaient un hôtel), et toute cette nature autour, ces montagnes, ces ciels étoilés, oui, tout cela conjugué, figurez-vous, à la lecture de Jules Verne (vraiment, Jules Verne ? me suis-je étonnée, dans le petit café de la rue de Passy dont vous commencez à devenir des habitués), a nourri son imaginaire, et elle y a puisé son envie d'aventures spatiales.

Quand on les interroge sur leur désir de devenir astronautes, sur la cause, s'il y en a eu une, sur le terreau dans lequel cette envie est née, certains évoquent ainsi les paysages de leur enfance, et les ciels qui les couronnaient. Ça, et puis, bien sûr, pour ceux qui étaient nés, et en âge de s'en rendre compte, oui, ce premier pas sur la Lune, on l'a dit, et c'était vrai de Mike, vous le savez, et de beaucoup d'autres, mais pas de Sandra, non. Sandra a toujours dit que son envie n'avait pas de lien avec Armstrong, même si de ce juillet si ancien elle se souvient.

Sandra avait presque cinq ans, ce soir d'été où ses parents (madame est infirmière, monsieur travaille dans les assurances) viennent la réveiller pour lui montrer les images de la Lune à la télévision. Chérie, chérie, doivent-ils dire, penchés sur le lit d'enfant où elle dormait déjà (j'aurais voulu dire en pyjama à motifs de Mickey, mais j'ai promis que tous les détails seraient authentiques et que je ne me laisserais pas aller à inventer), et Sandra les suit, je serais tentée d'ajouter : un peu grognon d'avoir été extirpée des rêves, j'aurais voulu imaginer d'une main se frottant l'œil et de l'autre traînant une peluche, mais du calme, du calme, je me retiens, jusqu'au salon où la télévision allumée trône (forcément) devant le canapé où ils s'installent ensemble pour regarder l'épopée folle de ces hommes-là partis marcher sur l'astre tout blanc dont chaque soir on peut contempler les métamorphoses derrière le carreau de sa fenêtre, et dont ils s'apprêtent à fouler la poussière, attention, c'est maintenant.

Était-ce cette vague mauvaise humeur d'avoir été réveillée, était-ce un rêve qu'elle était en train de faire et dont la séduction lui paraissait plus forte que ces images neigeuses en noir et blanc, ou quelle réticence encore, Sandra affirme qu'il n'y a pas eu de déclic. Armstrong a dit sa phrase, on a vu une grosse silhouette pataude se déplacer sur la planète, et Sandra est allée se recoucher.

Sandra était, comme n'importe quel enfant, plus que n'importe quel enfant peut-être, plus assidûment encore, une petite fille à toujours poser des questions sur tout, et ce qu'elle vous racontera plus volontiers, c'est que ses parents, fatigués d'être constamment sollicités, avaient fini par lui offrir un livre du type *200 questions de la vie, 200 réponses de la science*. Désormais, à chaque interrogation urgente qui la traversait, plutôt que de vous tirer par la manche, fifille plongeait le nez dans son livre, et les questions cessaient aussitôt d'être ces obstacles mous et collants qu'elles sont capables d'être quand elles continuent de vous hanter, indécises, entêtantes. Le livre fournissait les réponses. Elles étaient là, entre les pages. L'univers s'expliquait. Tout avait une solution.

Sandra pense que ce désir de devenir astronaute, c'est de là qu'il lui vient, de ce besoin de savoir toujours le pourquoi du comment, plutôt que d'une expérience singulière, d'une minute à marquer d'une pierre blanche, car, non, lui semble-t-il, il n'y a pas eu un jour en particulier.

Ou alors, si vraiment il fallait donner une date, ce serait le jour où le rêve devient un but. Le jour où (elle a quatorze ans) elle lit dans le journal que pour la première fois aux États-Unis des femmes vont être formées à devenir astronautes. La matière impalpable, fluide, fragile, de son rêve, ce jour-là, se transforme en objectif. Plus question que cette envie continue de flotter sous sa forme évanescente : il va falloir lui donner corps. Nous sommes en 1978, et l'adolescente, étape après étape, met tout en œuvre dans son parcours scolaire puis universitaire, jusqu'à cette rencontre, sur le campus, parce qu'il y a eu une rencontre, une bonne fée, un magicien, quelqu'un qui a fait que le rêve de Sandra a pu se concrétiser, que son *dream* devienne *true*, et qui, justement, je n'invente rien, s'appelait Truly. Richard Truly, qui accepte de s'asseoir un moment avec elle, qui l'écoute parler de son projet, et lui propose de servir d'astronaute référentpour sa candidature.

Et la voici donc, notre Sandra, arrivée là où elle le voulait, sur cette Station dont elle dit et répète qu'elle est devenue sa maison, à jouir de la vue en sachant qu'il lui reste désormais moins de vingt-quatre heures pour profiter de ces moments de rêveuse plénitude dans cette bulle de verre. Toujours lovée comme ça dans le petit volume de la coupole, elle contemple les formes des nuages dans toute cette bleuité douce, et, devant ce paysage dont elle s'emplit les rétines, de toutes ses forces, parce qu'il y a peu de chances, elle le sait, qu'elle puisse voler de nouveau jusque-là, on se demande si elle ne se laisse pas, fugitivement, submerger par ce sentiment des dernières fois.

Ron a-t-il eu le loisir, quant à lui, de se trouver un petit coin tranquille sur la Station où aller gratter quelques accords de guitare ?

Le regard absent, il laisse les accords qui s'échappent de ses doigts sur les cordes remonter vers ses tympans et les faire résonner comme peaux de tambours, appelant alors, comme par un rite magique, une flopée de souvenirs vagues, qui se répandent autour de lui et hantent ce bout de module de leurs fantômes, tandis que la croix qu'il porte au cou bondit et sautille sans se soucier du rythme.

Il ne la quitte jamais, Ron, cette croix, et jour après jour elle continue de faire des siennes, lui donnant des petits coups sur le menton, puis repartant faire sa vie du côté de son oreille droite, se tortillant, on ne peut rien y faire, comme aspirée par le lobe, qu'elle titille, qu'elle grattouille, qu'elle manque de piquer. Et puis, tant qu'on y est, essayant de voir ce qui est derrière, du côté de la nuque, vers laquelle elle lorgne, avant de reprendre son trampoline sur l'épaule de Ron, asticotant le tissu de son polo, sur lequel elle fait des bonds pour passer le temps.

La petite croix de Ron, toujours follette, n'en finit pas de s'égayer de la situation, toujours aussi avide de décliner les possibilités que lui offre l'impesanteur, accomplissant ses loopings au bout de sa chaînette, comme le collier de Sandra, je n'en ai pas parlé encore, qui n'est pas en reste, cette chaîne qu'elle porte autour du cou, regardez, et autour de laquelle dansent des anneaux. Ils remontent, flottent contre les maillons, libres et légers eux aussi. Ils profitent des derniers instants en microgravité. Une fois rentrés, il n'y aura plus qu'à pendre au cou de leur propriétaire, à se laisser attirer vers le sol, à peser contre le sternum, là, immobiles ou presque, déprimés. Alors allons-y, ils bondissent, ils circonvolutionnent avec souplesse, ils cabriolent, pendant qu'il est encore temps.

Et dans cette sorte de vacance, au creux de ce petit blues qui précède les départs, tandis que nos mousquetaires brassent plus nettement que les jours précédents la sombre idée des dernières fois, et que leur retour sur Terre marquera aussi la fin de notre relation à nous, je veux dire vous et moi, pour ce livre du moins, sur les dernières pages duquel il va bientôt falloir nous quitter, je crois que c'est le moment de vous raconter l'histoire de John Glenn.

33

Car c'est aujourd'hui qu'on doit prendre congé de ceux de la Station, voilà, mais c'est aussi l'anniversaire de John Glenn, et commençons par cette note plus optimiste, qui me permet de rester un peu plus longtemps avec vous (tous les adieux sont difficiles).

John Glenn, vous avez bien dû en entendre parler, fut le premier Américain en orbite, et l'un de ceux du projet Mercury. C'était un peu moins d'un an après Gagarine (et le troisième vol de Mercury, mais les deux premiers étaient restés suborbitaux), Glenn à l'époque portait une combinaison gris argent, bien brillante et zippée de partout, et dans sa capsule en titane, baptisée *Friendship 7* en de souples italiques dont la blancheur des pleins et des déliés claquait contre la tôle marine, il avait effectué trois fois le tour de la Terre.

Cet anniversaire, aujourd'hui, est sans doute dans la tête de beaucoup, mais parmi tous nos personnages il y en a un qui ne manquera pas, je pense, de passer un coup de téléphone à l'impétrant, quelqu'un qui a eu la chance, figurez-vous, de voler avec John Glenn (je vais vous raconter comment), et ce quelqu'un, qui est-ce ? Je vous aide, tournez vos regards vers la base de Houston, je vous aide encore, parmi les *CapCom*, vous donnez votre langue au chat? C'est (je ne maintiens pas le suspense plus longtemps) Stephen Robinson.

Vous calculez à la louche l'âge de Glenn, vous regardez le frais visage de Robinson, et vous vous demandez comment une telle chose est possible?

Eh bien voici. Glenn, après cet exploit qui datait de 1962, et qui en avait fait un héros auprès du bambin Stephen, lequel portait à l'époque ses gambettes de sept ans dans les jardins de Sacramento, avait bifurqué vers une carrière politique. Nul ne pensait qu'il volerait de nouveau. Lorsque Stephen, encore étudiant, rejoint la Nasa, le premier Américain en orbite est devenu sénateur démocrate de l'Ohio. Lorsque ce même Stephen s'envole pour la première fois vers la Station, John est un retraité de soixante-seize ans. Comment notre Stephen pourrait-il imaginer s'y rendre un jour avec cette légende qu'est Glenn ? L'année suivante va pourtant les réunir dans la navette, puis pour une grosse semaine sur la Station – ce sera, au fond, leur deuxième vol à tous les deux.

Savez-vous que le bruit court selon lequel le corps vieillit plus vite dans l'espace ? Non point que la vélocité neuve avec laquelle les cycles de soleil et de nuit s'enchaînent entraînerait comme un bouleversement de nos horloges internes qui nous feraient avancer en âge d'autant, du tout, du tout, non. C'est plutôt, pour être exact, que les effets d'un séjour dans l'espace sont identiques à ceux du vieillissement : perte osseuse, insomnie, et j'en passe. Frappés par ce parallèle, certains ont pensé qu'il ne serait pas inintéressant de l'approfondir en examinant la situation en somme redondante d'un sujet âgé flottant en microgravité. Glenn s'était proposé pour incarner ce pléonasme.

C'était l'automne sur Terre, une fin de mois d'octobre, quand la navette Discovery s'était élevée au-dessus du pas de tir, dans un ciel limpide et bleu, emportant John Glenn dans ses entrailles. Et sur la Station, pendant que Stephen actionnait le bras robotique pour lancer le petit satellite Spartan, ou, quarante-huit heures plus tard, pour le récupérer, on prélevait dans les bras de John des échantillons de sang, on traçait telle de ses protéines, on analysait ses cellules osseuses. Il n'était pas le seul à faire l'objet d'études de cette sorte. Chaiki Mukai itou, née à Tatebayashi, dans la plaine de Kanto, qui en était elle aussi à son second vol, après avoir été la première femme japonaise dans l'espace ; et elle devait surtout à sa formation de chirurgien vasculaire son implication dans les expériences médicales à bord. Tous les deux dormaient parfois bardés de capteurs qui enregistraient leur respiration, leur tonus musculaire, leur mobilité oculaire, et qui, fiers de tout ça, vous mesuraient l'activité cérébrale pour dessiner votre tracé de sommeil. Rythmes alpha, rythmes delta, rythmes thêta, ondes lentes intriquées à des fréquences rapides, se succédaient en d'onduleux graphiques qui révélaient à quel stade d'endormissement ils se trouvaient, quand ce n'était pas tout bonnement dans la phase paradoxale, dénoncée par ces mouvements saccadés des yeux (vous pouvez les appeler nystagmiformes), par l'accélération de leur respiration, qui devenait irrégulière, voire par ces brefs mouvements des doigts qui leur échappaient ou par ces frémissements des commissures de leurs lèvres qui achevaient de lever le voile sur le fait qu'ils étaient en train de se livrer à cette bizarre activité de rêver.

Pour John, l'une des principales différences avec son premier vol, c'était qu'il n'était plus sanglé. Si dans les débuts il avait été surpris de l'apprentissage que cela requérait, de doser ses appuis (on se retrouvait vite, sinon, à faire un tour complet sur soi-même), il s'enchantait de cette aisance toute neuve à se mouvoir, sans poids aucun, cette facilité inespérée, s'il la comparait aux difficultés qu'il commençait malgré tout d'éprouver sur Terre, à l'effort que c'était parfois pour lui de marcher.

Oh, tout n'était pas forcément très pratique, et manger, il l'avait expliqué aux journalistes, était parfois coton. Il racontait par exemple l'histoire du flocon d'avoine. Pas plus tard que ce matin, avait-il dit, la première fois (mais cette histoire lui avait fait du profit et il la répétait à satiété, par la suite l'introduisant par quelque chose comme : le lendemain de mon arrivée), pas plus tard que ce matin, donc, je m'étais fait des flocons d'avoine avec des raisins, et ne voilà-t-il pas qu'un flocon s'échappe de ma mixture et s'en vient se coller où, sur l'un des verres de mes lunettes. Ce qui l'étonnait le plus, ce n'était pas tellement l'escapade du flocon, car il faut bien dire que sur Terre, c'était une chose, hélas, qui lui arrivait de plus en plus, qu'un morceau de quelque chose s'échappe de sa cuiller, mais le fait qu'au lieu de se saloper le plastron, comme n'importe quel petit vieux, disait-il, car c'était ce qu'il disait, il avait vu le flocon s'engager dans ce mouvement ascensionnel, une chose inimaginable au sol, et à laquelle il voyait un évident avantage. Et c'était ce qu'il avait confié à Scott Carpenter, un de ses collègues du projet Mercury, quand il avait eu l'occasion de lui parler au téléphone depuis la navette. Là-haut, finis les vêtements tachés qui vous signent le vieillard, avait-il conclu en substance, après lui avoir raconté à lui aussi l'anecdote. Et ce qu'il avait dit à Scott, alors, il avait dit que la Station serait une excellente maison de retraite. La chemise et les cuisses du pantalon toujours propres, tu imagines; et puis il n'y avait pas de risque, bien à l'abri de la gravité, de se faire un petit col du fémur, hein, ni de se fracturer la hanche, je crois qu'il avait plutôt parlé de la hanche. On n'avait pas fini d'en énumérer les bénéfices.

Toujours est-il qu'il ne semble pas que ces neuf jours passés dans l'espace aient en rien accéléré le vieillissement de Glenn ni compromis sa longévité. Ce 18 juillet 2011, il fête ses quatre-vingt-dix ans (et à l'heure où j'écris il en affiche quatre-vingt-quatorze). Une cérémonie a été organisée dans la maison de son enfance, reconvertie à présent en musée.

C'est une construction typique, avec ses auvents, et le revêtement de bois peint de sa façade à clins. Tant de souvenirs dorment dans cette maison, où le petit John est arrivé, il avait deux ans. À New Concord, Ohio, quand il ne courait pas dans les champs ou qu'il n'était pas occupé à faire des maquettes d'avions, John, enfant, pour gagner de l'argent de poche, allait vendre aux voisins de la confiture de rhubarbe, faite avec les plants qui avaient poussé dans leur jardin. Un peu plus tard, toujours pour l'argent de poche, il lavait des voitures, et il distribuait le journal – le *Columbus Citizen*, à l'époque. Il lui arriva de jouer de la trompette dans la fanfare de la ville. Mais il s'intéressait avant tout à la mécanique. Et, quand il le pouvait, il allait regarder les avions décoller, ou atterrir, parce que c'était une chose, pour des raisons obscures, qui le rendait heureux. Ces lourdes carcasses de ferraille qui étaient capables d'aller dans le ciel, qui partaient je ne sais où, au-dessus des nuages, il pouvait passer des heures à en admirer le prodige et à imaginer les aventures en gestation dans leur ventre de tôle.

Mais surtout, dès les premiers mois de son arrivée, il y avait eu Annie. Les Glenn (donc) et les Castor (ainsi s'appelaient les parents d'Annie) étaient devenus amis, et leurs enfants jouaient ensemble. Aussi loin que John se souvienne, Annie était là. Annie, son amour d'enfance, et qui aujourd'hui encore se tient à ses côtés, Annie, qui fête ce nouvel anniversaire avec lui, Annie Margaret autrefois Castor et depuis soixante-huit ans Glenn. Annie, qui autrefois avait un léger bégaiement (très accentué par le jeu de Mary Jo Deschanel dans le film de Philip Kaufman adapté de *L'Étoffe des héros* de Tom Wolfe), et dont elle parle aujourd'hui volontiers pour vanter les mérites d'une méthode qui l'a tirée d'affaire. Annie qui, sans doute, à un moment ou à un autre, glissera une part de gâteau dans l'assiette de son John de mari qui a déjà mâché et dégluti dans l'espace.

Ce gâteau, ils le dégusteront chez eux, car ils n'ont pas pu faire le voyage jusqu'au musée. Mais on a promis de leur envoyer un DVD de la cérémonie, et, là-bas, on se filme, face à la caméra tout le monde chante *Happy Birthday.* Ils se sont placés debout devant la façade gris clair. Des voilages à volants froufroutent derrière la géométrie placide des fenêtres à guillotine, heureux de participer à l'événement, comme s'appliquant pour le film, bougeant souplement à l'image, animant joyeusement le décor. Certains de nos aficionados se sont mis sur leur trente et un, telle cette petite dame en tailleur-pantalon jaune, ou celui-ci, tenez, qui porte une cravate ; la plupart sont *casual*, comme on dit, venus dans des vêtements confortables, comme un jour de vacances, tee-shirt, voyez, pantalon trois quarts ou short, c'est l'été, après tout. Ils font de grands signes, affichent des visages souriants. Quelques ballons colorés ont été accrochés à la grille blanche et volettent dans cette grise après-midi de juillet.

34

On espère donc que Stephen n'oubliera pas de passer son petit coup de fil à John, et, en attendant, il va bien falloir se résoudre à quitter ceux de la Station.

Ce matin, je reprends les choses dans l'ordre, on a été réveillé sur les paroles mélancoliques de *Days Go By*, chanté par Keith Urban, et c'était bien le sentiment qu'on avait, que les jours avaient passé vite, et qu'on n'en revenait pas d'être déjà au bord de se séparer pour s'en retourner sur Terre. Le morceau avait été choisi avec une spéciale dédicace pour Rex, et on a pu voir ceux de Houston, très nombreux, brandir des pancartes avec des cœurs pour leur souhaiter un *Good morning*.

Notre Shannon orchestrait ce réveil dans un chemisier jaune très pâle, manches courtes à revers, pattes boutonnées ton sur ton.

Il a fallu ramener le module Raffaelo dans la soute d'Atlantis. Sandra (dans son fameux polo fraise à manches longues et à col blanc, pantalon beige, on ne se refait pas), depuis la coupole, a dirigé, avec Doug, le bras robotique de la Station pour détacher Raffaelo d'Harmony et le charger dans la navette.

On aura également vu Sacha vérifier avec Mike le fonctionnement d'une caméra dans le sas Quest, et puis, que sais-je, deux trois bricoles supplémentaires, tandis que nos mousquetaires (Rex, par exemple) profitaient d'une pause pour aller faire un dernier petit tour dans la coupole, et se chatouiller les rétines de ces images dont il y avait beaucoup à parier qu'on ne les reverrait plus.

Et voilà, je ne peux pas différer les choses plus longtemps, il faut se séparer.

Pour cette scène des adieux, tout le monde s'est changé, et les voici, pour ainsi dire, en uniformes, jouant à la fois l'harmonie et la différence selon l'appartenance à la navette ou à la Station, un peu comme pour deux équipes de foot, si bien qu'à l'image on voit bien ceux qui restent et ceux qui partent : nos quatre astronautes ont endossé le polo prune à manches courtes tandis que leurs hôtes affichent le polo sombre à manches longues et col blanc. Et ils sont tous là, Ron, Sacha, Andreï, Satoshi, Sergueï et Mike, pour entourer nos mousquetaires qui s'apprêtent à les quitter.

Fergie avait apporté dans ses bagages une surprise, un cadeau d'adieu : le drapeau de la première mission de la navette (Columbia, donc, à l'époque), celle sur laquelle Bob Crippen et John Young (tous ces noms nous sont devenus familiers) étaient partis en 1981. Il le leur offre aujourd'hui, lors de cette cérémonie du départ, pour, en somme, boucler la boucle. C'est un petit drapeau contenu dans une pochette de plastique transparente, et Ron l'attache près de l'écoutille. Puis Mike y fixe un second cadeau de départ, un modèle réduit de la navette, signé au sol par Michael Leinbach (vous vous souvenez de Michael, de sa silhouette à contre-jour dans la *Firing Room*, de son visage, qu'il tournait vers le ciel gris ?), par Kwatsi Alibaruho (je parle de ceux qu'on a eu l'occasion d'apercevoir), par Chris Edelen et quelques autres.

Vient le moment des discours, et on se passe le micro. Fergie prend la parole le premier pour remercier l'équipage de la Station de son hospitalité, pendant que Sandra, de temps à autre, clic clac, fait une photo. Je ne l'ai pas dit mais, si les gestes, dans l'espace, sont plus lents, les paupières, elles, continuent de cligner à la même vitesse, et ça crée une légère étrangeté, comme si toutes les parties du corps ne fonctionnaient plus au même rythme intérieur. Les mouvements de Sandra sont amples, scrupuleux, ils prennent un temps infini, tandis que ses paupières continuent comme sur Terre, baissant sans cesse leur petit rideau fugitif, un rideau presque invisible pour elle, presque comme une image subliminale, le rouge foncé de ce voile qui s'intercale dans la suite de photogrammes où s'inscrit le visage de Fergie. Puis c'est à Ron de parler. Et il parle, il parle, Ron, il n'en finit pas de parler. Il sait que sa parole a le pouvoir de dilater ce moment, et il temporise autant qu'il peut, parce qu'il n'aime pas plus que moi cette perspective d'avoir à se quitter, non, et depuis quelques jours qu'on le fréquente, on a bien eu le temps de s'en apercevoir, que Ron, avec sa bonne bouille ronde et sous son air costaud, était un gros affectif.

Il ne lit pas de papier, et sans doute a-t-il réfléchi à ce qu'il allait dire, mais récite-t-il ou improvise-t-il, je ne sais pas. Son discours commence de manière assez conventionnelle et simple, il déclare que ça a été un honneur, de les avoir sur la Station, et il remercie chacun en particulier, Doug, pour le transfert et pour la robotique, Rex, pour son dévouement et tout ce qu'il a fait pour la *spacewalk*, puis vient le tour de Fergie, et Ron le félicite d'avoir amené l'équipage de la navette à bon port, jusque sur la Station, et surtout, surtout, dit Ron, et c'est là que ça commence vraiment, l'emballement, l'escalade, surtout, parmi tout ce que Fergie a accompli qui est digne d'être retenu dans les annales, surtout, Ron fait enfler ce moment, repoussant la fin de sa phrase, ce qui est le plus important, à son avis, insiste Ron, faisant monter le suspense, par-dessus tout, l'événement le plus précieux à ses yeux, celui dont il lui est le plus grandement reconnaissant, et on attend la chute, on attend que Ron crache le morceau, qu'il le dise, de quoi il s'agit, ce qui l'exalte comme ça et l'enthousiasme, cette grandeur de Fergie, cet acte à nul autre pareil dont il a été capable, qu'il nous révèle enfin de quoi il s'agit, surtout, dit Ron, surtout, d'avoir amené Sandra.

Tout le monde rigole, et elle aussi, Sandra, elle rit, on entend son rire cristallin et content.

Alors Ron se tourne vers Sandra, et il la remercie à son tour, il n'en finit pas de la remercier, il lui dit qu'ils ne pourront jamais assez lui témoigner leur gratitude, qu'elle a été *absolutely amazing*, absolument formidable, parce que c'est ce qu'elle a été, étonnante, merveilleuse, stupéfiante, extraordinaire. Sandra est délicieusement gênée, elle pose la paume de sa main gauche sur sa joue, elle sourit.

Or ce n'est pas terminé, ces paroles pour Sandra, ces compliments. Il en rajoute, Ron, il fait durer, encore et encore, il affirme que dans quelques semaines ils seront toujours à parler d'elle. Et ne croyez pas que c'est le point d'orgue, car après tout, il aurait pu finir comme ça, sur cette perspective-là de toutes ces conversations à venir dont les parois de la Station résonneront, répercutant le prénom de Sandra, qui ricochera de-ci de-là. Il a un autre tour dans son sac, Ron, parce qu'il y a cette plaisanterie qu'il veut faire, cette plaisanterie qu'il a préparée, forcément, cette plaisanterie qu'il a dû ruminer, peaufiner, s'enchantant de l'effet qu'elle ferait, la malaxant dans ses monologues quand il bénéficiait d'un instant de solitude où rêvasser à ses affaires, cette cerise qu'il veut déposer sur le gâteau, pour clore ce moment en beauté, pour que le rire emporte ce moment, pour que le rire sauve ce qu'il y a de triste et de toujours un peu effrayant dans chaque séparation, cette peur sourde qui se tapit, je crois, dans chaque au revoir, même le plus anodin, même le plus quotidien, sans toujours y dire son nom, amplifiée ici par la situation, par le savoir qu'on les laisse là, tous les six, confinés, à tournoyer dans le grand vide, tandis que soi-même on s'apprête à effectuer bientôt une rentrée dans l'atmosphère qui comporte une haute part de risque, ce savoir-là de notre mortalité qui déchire chaque moment où il faut se quitter, même pour quelques heures, même pour la journée, quand le corps de l'autre s'en va dans le grand monde où toutes sortes de choses peuvent le happer ; et est-ce que ce n'est pas la cause de ce tiraillement, de cette incertitude, de ce vacillement que met toujours au cœur l'instant de poser ses lèvres sur les lèvres aimées, de serrer la main d'un ami qu'on laisse, d'embrasser un parent, mais pardon, Ron, je monopolise la parole à mon tour.

Où en étais-je, oui, la plaisanterie de Ron, pour dire à quel point il était heureux de la présence de Sandra, la petite histoire qu'il raconte, cette dernière touche, cette coda, il dit qu'il a essayé de négocier un échange, Mike contre Sandra, que ce soit Mike qui parte à sa place sur la navette, et qu'elle reste, elle, Sandra, sur la Station, mais que Fergie n'a pas voulu.

La main de Sandra quitte sa joue et s'en va essuyer une larme qui menaçait de s'échapper de son œil droit, puis une autre de son œil gauche.

C'est qu'il faut faire attention, ici, avec les larmes. Au lieu de couler bien gentiment sur les joues, comme sur la Terre, elles formeraient des petites billes qui demeureraient un temps suspendues au bord de ses cils avant de se décoller et de s'en aller voleter parmi eux, et imaginez alors, ces dix individus regroupés devant l'écoutille, en train de se quitter, le corps léger comme plume, qu'ils s'efforcent de maintenir à la verticale et à même hauteur pour que tout ça ait l'air de quelque chose, et parmi ces corps, des bulles de liquide lacrymal qui se fraieraient leur chemin, comme ça, transparentes, délicates, comme des perles, qui se faufileraient, brillantes, réfléchissant la lumière, tachetant la scène de points chatoyants et mobiles, de minuscules sphères miroitantes qui tournoieraient doucement, dans un effet d'une joliesse presque idéale, pour signifier tout ce qui se joue, à chaque au revoir, qu'on ne comprend pas bien soi-même, tout ce qui bataille à l'intérieur de soi, la perception soudain si vive du lien et l'arrachement que c'est toujours, l'affolement devant ce geste-là des adieux qu'il faut pourtant si souvent renouveler, l'idée confuse et terrifiante de la fragilité de l'autre, comme de la sienne, enfin, tout ça, ces sentiments terribles et mêlés, à quoi se superpose le fait que c'est la dernière fois qu'on va remonter dans une navette, toutes ces émotions, véhiculées par ces petites bulles salées et libres qui vous feraient leur ballet, circulant et sinuant, slalomant entre eux comme aucune larme ne peut le faire lors d'un adieu sur la Terre.

35

Une fois l'écoutille fermée, on reste arrimés à la Station jusqu'au lendemain. On est dans une situation étrange, totalement séparés, mais jouxtés, à deux cloisons de ceux qu'on vient de quitter, sans plus pouvoir circuler d'un lieu à l'autre, et on dort comme ça, si loin, si proche.

Le matin du départ, nous voici réveillés par un morceau de Coldplay, choisi par Karen pour Doug, qui a un faible pour ce groupe (on peut le comprendre). Il la remercie, ainsi que ses parents, merci maman, merci papa, par l'intermédiaire de Shannon, royale dans sa veste unie jaune poussin. Ce morceau, c'est *Don't Panic*, on va essayer.

Avec ceux de la Station, si on ne peut plus se toucher, prendre un repas ensemble ni discuter face à face, les paroles d'adieu vont continuer de s'échanger, comme si on ne parvenait pas à se laisser. Ça s'étire, ça s'étire, cette histoire-là de se dire au revoir, très avant dans la matinée.

D'abord, juste avant qu'on ne se désarrime, on se refait une petite séance de bye-bye, version audio cette fois. Du côté de Fergie, les choses restent tenues, formelles, un tantinet officielles. On sent qu'il lit. On croit entendre, dans sa diction chantonnante, les mots qui se soulèvent vaille que vaille de sa feuille avant de se glisser dans son larynx et de faire vibrer ses cordes vocales, puis de forcer le barrage de ses lèvres, comme si ses intonations épousaient les étapes de leur mouvement, propulsion, faufilement, éclosion, et rebelote. Il vante une fois de plus ce lieu pour ainsi dire utopique de la Station, née à la fin de la guerre froide, et qui rassemble les nations.

Ron, lui, a parlé le premier, mais la tonalité était tout autre. *We'll miss you, guys*, a-t-il dit, de cette manière frontale dont il est capable, à la fois à batailler contre ses émotions et, quand elles poussent trop contre les parois de son visage (qu'elles commencent de déformer), à les laisser sortir comme elles viennent, vous allez nous manquer. Et puis, comme pour se rappeler à lui-même que la solitude qui les attend tous les six, dans cette alternance folle de levers et de couchers de soleil qu'il faudra affronter en vase clos, aura un terme, il ajoute qu'on se reverra sur Terre à l'automne, *We'll see you back on Earth in Fall.* C'est comme un vœu, qui implique un bon retour pour nos mousquetaires puis pour eux, le vœu de retrouvailles sans obstacle. Et pourtant, au moment même où il le dit, un moment forcément traversé par la crainte que ce ne soit pas le cas, quelque confiance qu'il ait en la suite, ce qu'on entend, précisément, c'est ce mot-là qui doit contenir toutes leurs peurs, ce mot-là de *fall*, qui avant tout signifie tomber. Et c'est bien pour cela aussi qu'on utilise ce terme pour parler de l'automne, à cause des feuilles qui se détachent des arbres et s'abattent au sol, et il paraît qu'au début, je vous parle de ça, dans les tréfonds du XVIe siècle, pour désigner l'automne, on disait *fall of the leaf*, et puis on a abrégé, on a seulement dit *fall*, et d'un coup, dans la bouche de Ron, à nos oreilles, l'idée de la chute revient. Mais l'idée de la chute, Ron, c'est aussi le retour à la gravité, et en un sens, c'est bien ce qui te manque, qu'enfin les choses dégringolent, que tout redevienne comme avant, et que c'en soit fini du confinement loin des proches. Et tout se mélange ainsi dans la phrase de Ron, à cause de ce mot-là de *fall* et de tout ce qu'il engage dans son inconscient de vacillement, d'effroi et d'envie, l'idée rassurante d'une échéance à l'automne, la peur de la catastrophe, et le désir de se retrouver dans les bonnes vieilles conditions de la pesanteur, la perspective d'un automne sur la Terre, le cycle familier des saisons et les feuilles qui tombent comme le signe seulement que les choses vont leur cours.

À 1 h 28 a.m. CDT, la navette se sépare de la Station, et il fait nuit sur la Nouvelle-Zélande. *Physical separation*, entérine Fergie, mais on n'en a toujours pas fini de se parler.

On reste dans les parages, car Sandra et Rex ont pour mission de photographier la Station, qui effectue une rotation de 90 degrés pour offrir aux objectifs des angles neufs. Alors on y va, et Sandra et Rex prennent leurs clichés, tandis que Fergie commente à l'adresse de Ron et de son équipage : Vous serez contents de savoir que vous êtes aussi beaux de profil que de face.

Je ne sais pas très bien quoi répondre à ça, dit Ron, ému, brouillon, mal à l'aise et content, mais merci. Mike vient à sa rescousse : Eh, c'est notre bon profil. Voilà, c'est ça, dit Ron.

On termine la séance photos, de part et d'autre, car depuis la Station aussi on fait des images de la navette, qui semble en bon état, les rassure-t-on ; et on en rajoute une couche, dans les au revoir et les mercis, tandis qu'au sol quelqu'un glisse sa voix dans ce concert, et c'est Dan Tani.

Dan est *CapCom* depuis la salle de contrôle qui est responsable de la Station. On l'a déjà croisé, souvenez-vous, aux côtés de Peggy (c'est lui qui avait mis ce bonnet de montagne rouge en guise de chapeau de père Noël sur la photo où ils apparaissaient comme dans une boîte à chaussures), la Peggy Whitson qui avait donné à Sandra des idées pour cuisiner dans l'espace, et qui avait accompli des *spacewalks* justement en binôme avec Dan. Daniel Tani, le monde est tout petit, Sandra était sa doublure sur cette même mission 16, sa remplaçante éventuelle, dans l'équipage de réserve. Mais Dan était bien parti, et ce n'avait peut-être pas été une chance pour lui, non, car il avait eu la douleur de perdre sa mère pendant son séjour sur la Station. Elle s'appelait Rose, comme la maman de Sandra, elle avait quatre-vingt-dix ans, et sa voiture s'était fait écraser par un train de marchandises dans la banlieue de Chicago. On raconte qu'elle avait doublé un bus scolaire à l'arrêt et qu'elle s'était engagée sur le passage à niveau.

L'histoire des parents de Dan avait été une histoire triste et difficile. Pendant la Seconde Guerre mondiale, juste après l'attaque de Pearl Harbor, les Américains d'origine japonaise ont été arrachés à leurs maisons (et pour les parents de Dan, une ferme, en Californie) et parqués dans des camps d'internement. Pourtant, dès le lendemain de cette attaque, des commerçants d'origine japonaise avaient affiché sur leur devanture des banderoles qui affirmaient leur attachement à l'Amérique et déclaraient : *I am American*. Mais ça n'avait pas suffi. Le gouvernement avait cédé aux colères impropres et aux violents discours d'amalgame et d'exclusion. Cent vingt mille personnes environ, qui vivaient sur la côte ouest et avaient des ancêtres japonais, ont été ainsi, comme on disait, déplacées. Rose et Henry Tani avaient été conduits sur l'hippodrome de Tanforan, et on les avait enfermés dans les stalles des anciennes écuries puis dans des baraquements de fortune attenants, qu'on avait construits à la va-vite. Et il aura fallu attendre plus de quarante-cinq ans pour que le gouvernement américain présente ses excuses et indemnise les survivants.

Tout ça n'avait pas empêché Dan, né des années après ce drame, quand sa maman était déjà dans la quarantaine, de travailler pour le gouvernement américain. Le même Dan qui est *CapCom* pour Ron et Mike (mais qui connaît très bien Sergueï par exemple, je vous disais que le monde est tout petit, car je trouve sa trace dans un entraînement d'été en Crimée, aux côtés de Sergueï, c'était en juin 2006 et ça se passait à Sébastopol), ce même Dan qui porte sur ses épaules l'histoire de ses parents et le deuil de sa maman morte quand il était bloqué là-haut, se joint à l'équipage de la Station pour féliciter ceux d'Atlantis et se fendre à son tour d'un hommage à la navette, grâce à laquelle, année après année, la Station s'est construite et développée jusqu'à adopter sa forme actuelle. Et souvenez-vous, à notre arrivée sur la Station, je vous avais parlé d'un astronaute qui prétendait qu'elle s'était tellement agrandie qu'on pouvait s'y perdre : c'était lui.

Fergie répond à tout cela qu'ils ont hâte d'atterrir et de les revoir, les uns et les autres. Hâte de leur donner une bonne tape dans le dos, et puis de leur raconter les dessous de cette histoire. Parce que, vu d'en bas, tout a semblé au petit poil, mais c'est qu'on ne leur a pas tout dit. Il y a eu aussi la face cachée de la mission, celle qu'on a réussi à leur dissimuler, et heureusement, dit Fergie. La part de chaos et de confusion que ça a été sous le calme apparent. Le côté sombre, qu'il est difficile d'extrapoler, et qu'il a hâte de leur révéler.

À Houston, ils ne savent pas trop si c'est du lard ou du cochon. Ils se doutent qu'il y a un peu des deux.

En attendant, Doug met les moteurs. Et à 3 h 18 a.m. CDT, on s'éloigne pour de bon.

On la quitte, cette Station, qu'avec un peu de chance vous pouvez apercevoir lorsqu'elle passe au-dessus de vous, si les nuages ne gênent pas, en écarquillant bien les yeux, un point blanc, mobile, brillant, rapide, brusquement visible dès qu'elle sort de l'ombre de la Terre et réfléchit la lumière du soleil, enfermant entre ses parois quelques bonshommes en impesanteur.

36

La navette s'enfonce dans un spectacle à vous couper le souffle. La tristesse des dernières fois, qui rend chaque sensation plus aiguë, donne à toute cette beauté, dira Doug, quelque chose de vraiment poignant.

Mais ne nous laissons pas aller à la mélancolie, d'autant qu'on n'est quand même pas tout à fait sortis de l'auberge. Préparons scrupuleusement le retour. Soit, pendant les heures qui nous restent avant le coucher, une bonne inspection du bouclier thermique. On sait bien ce que ça signifierait, s'il était endommagé, au moment de la rentrée dans l'atmosphère. Au moyen d'une caméra fixée au bras robotique de la navette, on prend des images, qu'on transmettra ensuite au sol pour qu'elles y soient analysées, on connaît.

La nuit passe.

Fergie, debout, c'est pour toi. *Fanfare for the Common Man*, que suit un message vidéo des employés du Kennedy Space Center, dont l'idée, décidément, se rapproche.

Pour ce dernier réveil où nous la voyons (car pour le prochain, ni vous ni moi ne serons là), Shannon a mis le paquet : elle a choisi un tee-shirt corail, partiellement masqué par un genre de gilet sans manches, un peu rigide (une toile de coton, peut-être), sur le fond mimosa duquel se déploient de larges motifs caramel. D'un mouvement du corps vers l'avant, sans doute conjugué à une petite poussée du pied contre le sol, invisible de là où nous sommes, elle avance son siège vers sa console et regarde la feuille qui se tient devant elle, son stylo dans la main gauche.

Ça nous fait un peu triste de quitter sa voix gaie et chevrotante, claire et engagée, sa présence en même temps énergique et douce, ses tenues qui nous surprenaient chaque matin. Et sa petite philosophie sur tout ça, qu'on sentait à sa manière de bouger comme à ses intonations, sa personnalité à la fois résolue et songeuse. C'est quelqu'un à qui on ne la fait pas, Shannon, quelqu'un qui a engrangé un genre de sagesse, qui tient à la distance qu'elle sait prendre, et qu'elle conjugue pourtant avec une implication véritable. Ce mélange de robustesse et de profondeur, de détermination et de léger flottement aussi parfois, d'endurance et de vigueur mâtinées d'une lucidité rêveuse, tout cela, oui, Shannon, va nous manquer.

Près d'elle, Willmore, en bras de chemise bleu de ciel et cravate, informe Fergie de l'acceptation d'une petite modification technique (ne me demandez pas laquelle), transmettant l'autorisation que vient de lui donner Tony Ceccacci (chemise bleu de ciel itou, et cravate de même), *re-entry flight director*, le pendant, si vous voulez, de Richard Jones, vous vous souvenez, qui était si nerveux le jour du départ (tout ça, oui, paraît déjà loin maintenant).

Aujourd'hui, l'occupation principale consiste à déployer un minuscule satellite qui répond au joli nom de Pico. Il ne pèse pas bien lourd (huit livres, soit trois kilos six cents), et il n'est pas bien gros non plus (cinq par cinq par dix pouces – sachant qu'un pouce fait deux centimètres et demi, vous voyez le travail). Et on ne s'attendait pas vraiment à ça, non, mais Rex a jugé bon, pour célébrer l'événement, de composer un petit poème, qu'il souhaite nous lire pour l'occasion. Je ne résiste pas au plaisir de m'essayer à vous en livrer une traduction rimée, encouragée dans mon élan par le fait que les couples *more/doors, roams/home* ou encore *down/ground*, dans le texte de Rex, je ne sais pas ce que vous en pensez, ne me paraissent pas exactement académiques, de sorte que l'approximation de mes rimes comme le caractère passablement bancal du rythme ne seront pas infidèles à l'original :

« Un satellite de plus prend place dans les cieux,
Le dernier de tous ceux auxquels la navette a fait ses adieux.
Magellan, Galilée, Hubble, et d'autres satellites encore,
Ont franchi les portes de sa soute pour naviguer au-dehors.
Ils ont rempli des livres scientifiques et d'autres à venir,
L'héritage de la navette continuera à vivre quand elle aura
[fini d'atterrir.
Nous souhaitons à Pico le succès dans l'espace où il tourne
[en rond,
Il peut bien rester là-haut, nous rentrons à la maison.
Oui, bientôt, pour la dernière fois, nous allons doucement
[toucher le sol,
Puis célébrer la navette avec nos amis de la mission de contrôle. »

Ça n'est pas fameux, mais c'est sympathique, et à Houston, ils n'en croient pas leurs oreilles, puis ils se mettent à sourire (voyez Willmore), quand ce n'est pas à partir d'un rire franc (Tony, il n'y pas d'autre mot, est plié sur son siège) ; à la fin, tout le monde applaudit.

Merci, Rex, pour ce moment drôle, et pour le reste, on aura eu quelques petits coups de mou.

Toutes sortes de sentiments vous gagnent, qu'on ne sait pas bien démêler, ou alors qu'on appellera « joie et tristesse de rentrer », parce que la même perspective peut vous placer dans des états contradictoires.

Il va bientôt falloir rejoindre les bruits de l'été, la saison splendide, les bains de mer, le macadam qui transpire, les jardins où tant d'insectes grouillent dans l'herbe qu'ils vous laissent, si l'on y songe, dans une minorité affolante. On chassera une mouche d'un revers de main, on tentera d'écraser dans son assiette une guêpe du dos de sa fourchette, ou d'un rapide coup de serviette, si tant est qu'on ne se lève pas de table pour se reculer brusquement en voulant échapper à la perspective de son dard. Les mulots courront dans la campagne, sous la terre les taupes foreront leurs galeries, et dans les feuillages batifoleront les oiseaux. Des milliers de petits êtres à pièces buccales broyeuses, à antennes souvent, à six ou huit pattes, certains à élytres, d'autres point du tout, et la bouille pas forcément jojo quand on leur tire le portrait en macroscopie, circuleront autour de vous. Les moustiques décolleront des plans d'eau, par centaines, les fourmis rouges, les araignées, iront leur chemin, les vipères dans l'herbe, et même les ours pourront rôder à proximité des villages.

Pour l'heure, on est loin de cette vie bruissante, visible et largement invisible, qui bat son plein sur la Terre. Et bien sûr il y a tout ce qu'on a hâte de revoir, et les proches qui vous manquent, mais on sait aussi que ces retrouvailles ne vont pas toujours de soi.

Samantha me disait qu'en un sens, la vie était beaucoup plus compliquée chez nous, qu'il fallait réapprendre à composer avec les foules des villes, tous ces gens qu'on croise sur les trottoirs, qu'on aperçoit et qui filent, innombrables, au contraire des quelques mêmes personnes, en nombre réduit, avec lesquelles on avait vécu sur la Station.

Il y a ça, et puis votre corps qui a perdu ses habitudes terrestres. L'énergie qu'il faudra, désormais, pour se déplacer. Et au tout début, peut-être, le vague déséquilibre.

Quand vous revenez sur Terre, tout vous semble lourd et pesant. Même votre propre tête, que votre cou doit porter.

En rentrant de l'expédition précédente, Sandra avait trouvé à la gravité quelque chose de difficile. Tout ce qui était devenu si léger et qui d'un coup se plombe, et est-ce qu'il n'y a pas de quoi éprouver une sorte de découragement à l'idée qu'il faudra faire de nouveau avec cette force qui vous écrase au sol, avec le poids des choses ?

Là-haut, Sandra avait le sentiment d'une telle liberté dans ses mouvements. L'impesanteur avait beau être devenue votre quotidien, on ne se lassait pas des effets comiques qu'elle produit et on se livrait à de petites facéties bien hors de portée des Terriens, dont on va réintégrer le groupe, accrochés à leur sol et terrassés par la gravité, à tout faire tomber autour d'eux, au risque de casser, de fêler, d'écorner. Ici-bas, le pouvoir de flotter vous est brutalement retiré. La nostalgie de flotter, Sandra risque de l'éprouver longtemps.

Le séjour aura été court, et les effets sans doute seront moindres. Mais il faudra faire avec votre corps soudain alourdi, toujours tiré vers le bas.

Il faudra faire aussi avec l'immobilité intimidante des objets autour de soi.

Pauvres objets échoués, soumis aux lois mortelles de la pesanteur, quand là-haut c'est presque une épiphanie de les voir se mouvoir, harmonieux et libres.

Et de même que sur la Station, parce que des actions infimes pouvaient prendre un temps infini, réclamant circonspection, prudence et minutie, votre rapport aux objets se trouvait renouvelé de ce que leur comportement avait changé, de sorte qu'il vous avait fallu lentement vous ajuster à ces règles neuves, de même, à votre retour, quelque chose vous forcera aussi à repenser les relations ordinaires, habituelles, que vous avez toujours eues jusque-là avec les objets en situation de pesanteur.

Parce que, là-haut comme ici, oui, vous avez raison, c'est exactement ça, la vie est faite de ces toutes petites choses.

Demain, si tout se passe bien, juste avant l'aube, les roues de la navette toucheront le sol de la Floride.

Les prévisions météo sont encourageantes. Les tempêtes d'il y a quelques jours sont parties vers le nord-est, et le ciel devrait être clair pour les quarante-huit heures à venir : bonne visibilité, bien que quelques averses ne soient pas à exclure, à une cinquantaine de kilomètres de là. Prudence, donc, mais confiance, aussi, même s'il existe toujours des facteurs d'incertitude – le temps est si changeant, au-dessus du cap.

On a bien parlé de l'éventualité d'attendre le lever du jour, mais Tony Ceccacci n'y est pas favorable, tenons-nous-en au calendrier, préfère-t-il, autant que possible, et sans doute donnera-t-il le *go* pour le désorbitage ; et Willmore le transmettra à Fergie et à Doug.

Au sol, ils seront tous un peu nerveux, je pense, assis là, dans la nuit, derrière leur console, les mains très mobiles, l'une ou l'autre venant se replier devant la bouche, ou errant sur leur visage : on réajustera son oreillette, on se frottera le menton, on se grattera un sourcil, on fera face à toutes sortes de démangeaisons, picotements, prurit provoqué par l'inquiétude, velléités d'eczéma, fugaces réactivations de dermites séborrhéiques, franches rosacées, rougeurs de stress – ou on s'en inventera, pour se donner une contenance et permettre aux mains de continuer à s'occuper en se promenant sur le front, sur les joues, tandis que les corps tout entiers ne cesseront de se repositionner dans les sièges. Et on attendra, les yeux rivés sur les écrans.

Fergie fera pivoter Atlantis de manière à ce qu'elle se trouve le ventre face à la Terre et le nez vers son objectif. On déclenchera la mise à feu. On sera sur l'océan Indien, au-dessus de la Malaisie. La vitesse sera étourdissante encore, mais dès qu'on entrera dans l'atmosphère, au-dessus du Pacifique, l'épaisseur de l'air freinera l'engin ; et de nouveau, dans la navette, alors, on sentira les effets de la gravité.

Le vaisseau slalomera légèrement, histoire de perdre encore en vitesse.

Autour de la Runway 15, toutes sortes de bestioles, sans doute, seront en train de faire leur vie, tapies dans les herbes, circulant dans un affairement habituel, parce qu'on sait bien que ça respire, que ça gigote, que ça se déplace, dans le fouillis des graminées qui bordent la piste d'atterrissage. On sera dans une nuit profonde et calme, et déserte à l'œil nu. Et puis, brusquement, on entendra les deux détonations qui marquent le passage au subsonique, et gageons que les animaux sursauteront, les lapins, les marmottes, et quoi encore, leur cœur battant la chamade sous la fourrure, dans la stupeur et le saisissement, sans savoir s'il faut fuir, ni vers où. Et puis, au loin, la silhouette grise de la navette apparaîtra.

Dans la nuit très noire, on verra des rubans de vapeur, des traînées de fumée, de longues traces de plasma lumineux qui se détacheront dans l'obscurité et se dérouleront comme des guirlandes. Et la navette descendra, de plus en plus bruyante, de plus en plus grosse dans le champ de vision des bestioles éberluées. Rutilante, incandescente, auréolée par les lumières au xénon, elle viendra se poser sur la piste liserée d'herbes hautes qui hérisseront leurs franges dans le contre-jour des projecteurs. À l'arrière, le parachute (on l'espère) se déploiera, pour l'aider à freiner, bloquant l'air dans sa toile. Sa corolle blanche et rouge, toute gonflée, comme un genre de méduse, finira par se froisser et tomber mollement sur le sol, chiffonnée et informe. Le temps que les techniciens s'approchent et mettent tout en œuvre pour aider l'équipage à sortir, le jour commencera de jouer des coudes et transformera le paysage indistinct, enfoui et sombre, en une version en couleurs, lentement révélée. Le vert au sol apparaîtra tout doucement, d'abord, perçant le noir, le diluant, le poussant vers une tonalité olivâtre, puis ce sera au tour de la bande du lagon, dont on avait un peu oublié l'existence. Et avec lui, se dessinera la ligne de l'autre rive, ponctuée de petites lumières, sous le ciel qui s'éclaircira dans le même temps vers un bleu encore pétrole, comme autrefois, dans le bain du photographe, sur un tirage argentique.

Alors, vraiment, ce sera une page de tournée.

Table

J'ai bénéficié pour ce roman d'une résidence d'écriture du CNES, dans le cadre du programme « Création et imaginaire spatial » de l'Observatoire de l'Espace, et je tiens à remercier en particulier Gérard Azoulay, qui a accompagné cette résidence avec sa belle écoute, Michel Viso, qui a répondu à certaines de mes questions techniques, et chacun des astronautes que j'ai rencontrés : Jean-François Clervoy, qui m'a reçue plusieurs fois, qui a aussi été un interlocuteur précieux par mail, et a permis que je rencontre Sandra Magnus à Paris ; Claudie Haigneré, qui m'a raconté avec beaucoup de passion ses années russes, et a facilité plus tard mon entrevue avec Samantha Cristoforetti ; Samantha Cristoforetti, dont je garde aussi le joli souvenir d'une rencontre stimulante. Et bien sûr Sandra Magnus, rencontrée d'abord à Paris, puis plus longuement à Reston, en Virginie. Les pensées et la personnalité que je prête à Sandra, comme aux autres personnages, dans ce roman, n'engagent évidemment que mon imagination.

Achevé d'imprimer sur Roto-Page
en septembre 2016
par l'Imprimerie Floch à Mayenne
N° d'éditeur : 2507 – N° d'édition : 311632
N° d'imprimeur : 90112
Dépôt légal : août 2016

Imprimé en France

